मैं, स्टीव

स्टीव जॉब्स : उनके अपने ही शब्दों में

जॉर्ज बेह्म ने बिज़नेस और लोकप्रिय संस्कृति सहित विभिन्न विषयों पर तीस से अधिक पुस्तकें प्रकाशित की हैं। वे साउथ-ईस्ट वर्जिनिया में रहते हैं, वे अमरीकी सेना के पूर्व फील्ड आर्टिलेरी ऑफ़िसर हैं जिन्होंने नेशनल गार्ड और आर्मी रिज़र्व में सक्रिय ड्यूटी दी। उनकी वेबसाइट : www.georgebeeahm.com है।

नीरू

पंजाब विश्वविद्यालय, चण्डीगढ़ से हिन्दी साहित्य में एम. ए., एम.फिल., हिमाचल प्रदेश विश्वविद्यालय, शिमला से पीएच.डी.। अनुवाद एवं पत्रकारिता में डिप्लोमा।
दो पुस्तकों का सह-अनुवाद एवं एक पुस्तक का स्वतन्त्र अनुवाद।
पत्र-पत्रिकाओं में कहानियाँ व लेख एवं अनूदित लेख प्रकाशित।
एक कहानी संग्रह शीघ्र प्रकाशित।
ई-मेल : neerumailus@yahoo.com

मैं, स्टीव

स्वीव जॉब्स : उनके अपने ही शब्दों में

सम्पादक

जॉर्ज बेह्म

अनुवाद

नीरू

वाणी प्रकाशन

वाणी प्रकाशन
4695, 21-ए, दरियागंज, नयी दिल्ली 110 002
फ़ोन : +91 11 23273167 फ़ैक्स : +91 11 23275710
शाखाएँ
अशोक राजपथ, पटना 800 004, बिहार
कॉफ़ी हाउस कैम्पस, महात्मा गांधी मार्ग, इलाहाबाद 211 001, उत्तर प्रदेश
महात्मा गांधी अन्तरराष्ट्रीय हिन्दी विश्वविद्यालय, वर्धा 442 001, महाराष्ट्र
सुल्तानिया रोड, मोतिया पार्क, भोपाल 462 001, मध्य प्रदेश
www.vaniprakashan.com
marketing@vaniprakashan.in
sales@vaniprakashan.in

I, STEVE : STEVE JOBS IN HIS OWN WORDS

Throush Arrangement with the Mendel Media Group LIC of
New York
Edited by George Beahm
Hindi Translated by Neeru
ISBN : 978-93-5072-238-1
Autobiography/Management

संस्करण 2013, 2015, 2016
आवृत्ति 2020

मूल्य : ₹ 195

यश प्रिंटोग्राफ़िक्स, नोएडा-201 301 (उ.प्र.) में मुद्रित
वाणी प्रकाशन का लोगो मक़बूल फ़िदा हुसेन की कूची से

ब्रिटन एडवर्ड्स को समर्पित

अनुवादक की ओर से

अनुवाद की कक्षा में जो प्रारम्भिक जानकारियाँ दी गयीं, उनमें एक यह भी थी कि 'असफल लेखक अनुवादक हो जाते हैं या कि जो लेखक नहीं हो पाते, वे अनुवादक हो जाते हैं।' सम्भव है कि यह कथन कुछ लोगों में हीनता ग्रंथि का कारण बना हो परन्तु मेरे लिए यह एक बहुत राहत प्रदान करने वाली जानकारी थी, एक आश्वासन कि अभी सब रास्ते बन्द नहीं हुए हैं और एक रास्ता अभी खुला है। सो तुरत-फुरत यह स्वीकार कर कि मैं लेखक तो हो ही नहीं सकती, सीधे अनुवाद के क्षेत्र में उतर गयी। प्रत्येक अनुवाद के साथ यह अहसास गहराता गया कि अनुवाद ज्ञान के क्षेत्र को व्यापक बनाने का एक सुदृढ़ माध्यम है, बिल्कुल मिले सुर मेरा तुम्हारा तो सुर बने हमारा की तर्ज पर। प्रत्येक अनुवाद को पढ़ते अथवा प्रत्येक अनुवाद करते हुए यही सोच आती रही कि यदि अनुवाद की विधा न हो तो इस धरती पर अनेक भाषाओं में बिखरे पड़े ज्ञान से हम वंचित रह जाएँ। अतः अपने सामर्थ्य की सीमा में अंग्रेज़ी भाषा में उपलब्ध ज्ञान को हिन्दी भाषा भाषियों को अनुवाद के माध्यम से उपलब्ध करवाना मेरा ध्येय बन गया।

हिन्दी भाषा का रचनात्मक साहित्य तो पर्याप्त समृद्ध है परन्तु ज्ञान के विषयों सम्बन्धी साहित्य का किंचित अभाव ही है। अंग्रेज़ी भाषा में उपलब्ध ज्ञान साहित्य को पढ़ते हुए मन में सबसे पहला प्रश्न कौंधता है कि क्या हिन्दी भाषा में यह ज्ञान उपलब्ध है और बहुतायत इसका उत्तर नहीं में ही होता है। तब मन में अन्य हिन्दी भाषियों की उस तक पहुँच न होने के कारण

एक अपराध भावना जाग्रत होती है और अगला प्रश्न होता है कि क्या इसका अनुवाद किया जा सकता है। इस प्रकार मेरे लिए अनुवाद एक चुनौती, एक दायित्व बन गया है और अनुवादक के साथ यह चुनौती तो सदा रहती ही है कि पाठक को कहीं यह अहसास न हो कि यह अनुवाद है। सो मेरे लिए अनुवाद कर्म एक दोधारी तलवार है।

स्टीव जॉब्स की उनके वक्तव्यों पर आधारित इस जीवनी का अनुवाद करने के क्रम में उसे पढ़ते हुए उस व्यक्तित्व के प्रति श्रद्धानवत तो होती रही परन्तु साथ ही एक सन्तोष का, दायित्वपूर्ति का भाव भी बना रहा कि जिन पाठकों तक अंग्रेज़ी भाषा के अवरोध के कारण इस व्यक्तित्व से परिचित होने की सम्भावना नहीं थी, वे भी उन्हें जान पाएँगे और ऐसी जीवनियाँ प्रेरणास्पद तो रहती ही हैं।

मेरा प्रयास सार्थक हो जाएगा यदि हिन्दी पाठक वर्ग अनुवादक की उपस्थिति को जाने बिना स्टीव जॉब्स तक पहुँच पाए।

अनुवाद को प्रस्तुत रूप में आप तक पहुँचाने में कभी अपनी सहकर्मी रही और अब मित्र सुश्री स्मिति से मिले सहयोग के लिए मैं उनकी आभारी हूँ। वाणी प्रकाशन के प्रति भी आभार व्यक्त करना चाहूँगी कि उन्होंने इस कार्य के माध्यम से मेरे लिए वर्ष 2012 का शुभारम्भ करवाया।

नीरू

चंडीगढ़, भारत

विषय–सूची

एप्पल में जॉब्स की विरासत

यदि एप्पल बस एक ऐसा स्थान बन जाता है जहाँ कम्प्यूटर एक बिक्री की वस्तु है, जहाँ रोमांस समाप्त हो गया है और जहाँ लोग भूल जाते हैं कि कम्प्यूटर मनुष्य का सर्वाधिक अविश्वसनीय आविष्कार है तो मैं समझूँगा कि मैंने एप्पल को खो दिया है। परन्तु यदि मैं लाखों मील दूर हूँ और वे सब लोग अभी भी उन चीज़ों को महसूस करते हैं तो मैं समझूँगा कि मेरे जीन्स अभी भी वहाँ हैं।

न्यूज़वीक, 29 सितम्बर, 1985

मैं अगले बड़े अवसर के लिए अपनी आँखें सदा खुली रखता हूँ, परन्तु विश्व आज जैसा हो गया है, इसको सम्भव बनाने के लिए अथाह संसाधनों—धन एवं इंजीनियरिंग प्रतिभा—दोनों की आवश्यकता होगी। मैं नहीं जानता कि अगला बड़ा अवसर क्या हो सकता है परन्तु मेरी कुछ योजनाएँ हैं।

—स्टीव जॉब्स

फॉर्च्यून, 24 जनवरी, 2000

परिचय

स्टीव जॉब्स एवं 'विज़न थिंग'

वर्ष 1976 से स्टीव जॉब्स अपने विचारों को सभी सम्भव माध्यमों से व्यक्त कर रहे हैं–चाहे वह प्रेस विज्ञप्तियाँ हों, एप्पल की वेबसाइट पर वक्तव्य हों, एप्पल के नये उत्पादों को बाज़ार में उतारने के लिए स्वयं जनता के सामने आकर अथवा प्रिंट एवं इलेक्ट्रॉनिक प्रसार माध्यमों को साक्षात्कार देकर; इससे उनके समर्थक प्रसन्न हैं और आलोचक निराश।

परन्तु अपने जीवन-वृत्त में दो बार 'द विज़न थिंग' का उल्लेख करने वाले जॉब्स के विषय में कोई कुछ भी सोचे, एक बात तो निर्विवाद रूप से सत्य है कि उन्होंने हमें हमारे समय में बिज़नेस (व्यवसाय) की प्रकृति के सम्बन्ध में सर्वाधिक स्मरणीय उक्तियाँ दी हैं।

स्टीव जॉब्स का व्यवसाय समुदाय में अनुपम एवं स्पृहणीय स्थान था। उन्हें *फॉर्च्यून* रिव्यू ने 'विश्व में सर्वश्रेष्ठ सीईओ' *हार्वर्ड बिज़नेस रिव्यू* ने 'विश्व में सर्वश्रेष्ठ सीईओ' और *वॉल स्ट्रीट जर्नल* ने 'दशक की हस्ती' के रूप में चुना था। इनके अतिरिक्त भी उन्हें अनेक सम्मान प्राप्त हुए।

15 अगस्त, 2011 को खबर आयी कि वाल्टर इसाक्स्न द्वारा लिखी गयी स्टीव जॉब्स की एकमात्र अधिकृत जीवनी मार्च, 2012 के स्थान पर 21 नवम्बर, 2011 को जारी की जा रही है, जिससे अनेक प्रश्न उठ खड़े हुए। बड़े प्रकाशक पुस्तक जारी करने की तिथि बदल कर चार माह

पहले यों ही नहीं कर देते! स्पष्ट रूप से कुछ तो हुआ ही था।

नौ दिन बाद 24 अगस्त को एक और धमाका हुआ : स्टीव जॉब्स ने घोषणा की कि वे सीईओ का पद छोड़ रहे हैं और उन्होंने एप्पल के बोर्ड से उत्तराधिकारी की योजना को क्रियान्वित करने के लिए कहा। तभी टिमोथी कुक को एप्पल का नियन्त्रण सौंपा गया।

एप्पल के नये सीईओ द्वारा आई फोन-4एस की घोषणा समारोह के लिए आयोजित किए गये पहले मीडिया समारोह के एक दिन बाद 5 अक्तूबर को एप्पल के बोर्ड ने घोषणा की कि 56 वर्ष की उम्र में स्टीव जॉब्स का निधन हो गया है। बोर्ड ने एक वक्तव्य जारी किया; 'स्टीव की प्रतिभा, धुन एवं ऊर्जा अनगिनत नवाचारों का स्रोत थी जिसने हम सबके जीवन को सम्पन्न एवं बेहतर बनाया। विश्व स्टीव के कारण अवर्णनीय स्तर तक बेहतर है।'

उक्तियाँ

आई पैड को बाज़ार में उतारने से पहले की उत्सुकता

हम स्वयं कुछ समय से हालाँकि इसका प्रयोग कर रहे थे और कुछ वर्षों से इस पर काम भी कर रहे थे परन्तु फिर भी बाज़ार में उतारने से एक सप्ताह पहले...एक रात पहले...आपके पेट में कुछ-कुछ होता है...जब तक यह लोगों के हाथ में न पहुँच जाए और वे उसके बारे में अपनी राय न दें...आप कुछ नहीं जानते। हमें इसकी भरपूर प्रतिक्रिया मिली।

हमारे विचार में यह पूरी तरह से खेल को बदल देने वाली है। हमारे विचार में अब से कुछ वर्ष बाद जब लोग पीछे मुड़कर देखेंगे तो वे इसे निजी कम्प्यूटेशन यन्त्रों की दुनिया में एक बड़ी घटना के रूप में पाएँगे। मेरे लिए जो विशेष अथवा बड़ी बात रही है–वह यह है कि लोगों को यह कितनी जल्दी मिला है! आपको मालूम है कि मुझे लोगों से हज़ारों ई-मेल प्राप्त हुए हैं–ऐसे लोगों से, जिनसे मैंने पहले कभी बात नहीं की–केवल मुझे यह बताने के लिए कि यह वस्तु कैसे उनका जीवन बदल देने वाली है और वे इससे क्या करते हैं। लोग बहुत तेज़ी से इसे खरीद रहे हैं।

आई फोन 4.0 सॉफ्टवेयर के लिए
एप्पल इवेंट, 8 अप्रैल, 2010

एप्पल की जान : एप्पल के कर्मी

हम जो भी हैं—वह हमारे विचार अथवा हमारे लोग हैं, वही हमें सुबह काम पर जाने के लिए प्रेरित करते हैं, इन्हीं महान प्रतिभावान लोगों के आस-पास रहने के लिए मैं सदैव यह सोचता हूँ कि हम जो भी करते है, भर्ती उसका हृदय और आत्मा है।

डी-5 सम्मेलन; *ऑल थिंग्स डिजिटल,*
30 मई, 2007

एप्पल का डीएनए

हममें से अधिकतर सुबह कार्य पर पहुँचने की प्रतीक्षा करते हैं, परन्तु ऐसा नहीं है कि एप्पल ने विशाल उपभोक्ता इलेक्ट्रॉनिक कम्पनी का स्वरूप ले लिया है। हमारा डीएनए परिवर्तित नहीं हुआ है बल्कि विशाल उपभोक्ता इलेक्ट्रॉनिक्स बाज़ार एप्पल में परिवर्तित हो रहा है।

फॉर्च्यून, 21 फरवरी, 2005

एप्पल का अस्तित्व

यदि एप्पल होता ही न तो? इसका अस्तित्व ही न होता तो? सोचो, अगले सप्ताह *टाइम* प्रकाशित न होता। अमरीका के कोई 70% अखबार कल सुबह न छपते। लगभग 60% बच्चों के पास कम्प्यूटर न होता; आधी से ज़्यादा मैक्स पर बनाई जाने वाली वेबसाइट न होतीं! सो कुछ है, जिसे बचाया जाना चाहिए, देखो?

टाइम, 18 अगस्त, 1997

ध्यानाकर्षण

और एक बात और...

एप्पल के समारोहों के अन्त में विशेष प्रकार से कहा जाने वाला एक वाक्य।

सर्वश्रेष्ठ होना...

हम इस क्षेत्र में काम करने वाले हालाँकि पहले नहीं होंगे परन्तु हम श्रेष्ठ होंगे।

OS4.0 आई फोन के लिए एप्पल समारोह, 8 अप्रैल, 2010

भर्ती से आगे

यह केवल भर्ती नहीं हैं, भर्ती कर लेने के बाद ऐसा वातावरण तैयार करना होता है जो लोगों को अहसास करवाए कि उनके आस-पास उनके समान ही प्रतिभावान लोग हैं और उनका कार्य उनसे बड़ा है। यह अहसास कि कार्य का अथाह प्रभाव होगा और वह एक मज़बूत स्पष्ट विज़न का एक भाग है—इन सब बातों का अहसास। आप अकेले जो कर सकते हैं—भर्ती के लिए प्रायः उससे अधिक की आवश्यकता होती है। अतः मैंने पाया है कि सहयोगात्मक भर्ती एवं ऐसी संस्कृति जो 'ए' लोगों की भर्ती करती है—को अपनाना सर्वश्रेष्ठ उपाय है। कोई भी उम्मीदवार इस कम्पनी के अनेक क्षेत्रों में कम से कम एक दर्जन लोगों से बात करेगा। केवल उस क्षेत्र में ही नहीं, जिसमें वह काम करेगा, इस प्रकार आपके अनेक 'ए' कर्मचारियों को कम्पनी की व्यापक जानकारी होगी—और कम्पनी की संस्कृति ऐसी है जो वर्तमान कर्मचारियों को अधिकार देती है कि यदि वे बहुत अधिक ऐसा अनुभव करते हैं—तो एक उम्मीदवार को अस्वीकार कर सकते हैं।

इन द कम्पनी ऑफ जाएंट्स, 1997

ब्रांडिंग

हम उत्पादों की विशेषताओं, लाभों, RAMs और चार्टों व तुलनात्मक सारणियों के साथ विज्ञापन करेंगे, इसकी कोई सम्भावना नहीं है। एकमात्र सम्भावना यही है कि हम अहसास के साथ, अनुभूति के साथ सम्पर्क करेंगे।

रिटर्न ऑफ द लिटल किंगडम, 2009

बड़े ब्रांड कौन से हैं? लीवाइस, कोक, डिज़्नी, नाइकी—अधिकतर लोग एप्पल को भी उसी श्रेणी में रखेंगे। आप एक ब्रांड तैयार करने पर खरबों डॉलर खर्च कर सकते हैं, फिर भी वह एप्पल जितना अच्छा नहीं होता। फिर भी एप्पल इस अविश्वसनीय सम्पत्ति के साथ कुछ नहीं कर रहा। आखिर एप्पल है क्या? एप्पल उन लोगों के लिए है जो 'भिन्न' सोचते हैं, 'लीक से हटकर' सोचते हैं, उन लोगों के लिए है जो दुनिया को बदल देने में उनकी सहायता के लिए कम्प्यूटर का प्रयोग करना चाहते हैं, जो बदलाव लाने में सहायक चीज़ें तैयार करने के लिए कम्प्यूटर का प्रयोग करना चाहते हैं, एक काम को करवाने मात्र के लिए नहीं।

टाइम, 18 अगस्त, 1997

व्यापक आधार वाली शिक्षा

उस समय रीड कॉलेज देश में खुशनवीसी यानी सुलेख के शायद सर्वोत्तम गुर सिखाता था...मैंने इसे सीखने के लिए खुशनवीसी की कक्षाएँ लगाने का निर्णय लिया...यह सुन्दर, ऐतिहासिक और कलात्मक दृष्टि से बारीकी लिए हुए थी, ऐसी कि जिसे विज्ञान नहीं पकड़ सकता, मुझे यह लुभावनी लगी। इसमें से किसी के भी मेरे जीवन में व्यावहारिक प्रयोग की कोई आशा भी नहीं थी। परन्तु दस वर्ष बाद हम जब पहले मैकिन्तोष कम्प्यूटर का डिज़ाइन तैयार कर रहे थे तो ये सब मुझे फिर याद आ गया।

सत्र प्रारम्भ सम्बोधन
स्टेनफोर्ड यूनिवर्सिटी, 2 जून, 2005

जीवन के व्यापक अनुभवों का महत्त्व

हमारे उद्योग में अनेक लोगों के पास विविध अनुभव नहीं हैं, सो उनके पास परस्पर जोड़ने के लिए पर्याप्त बिन्दु नहीं हैं और वे समस्या को व्यापक परिप्रेक्ष्य में देखे बिना उसका सीधा-सीधा समाधान देते हैं। व्यक्ति को मानवीय अनुभव की जितनी अधिक व्यापक समझ होगी, उतने ही बेहतर हमारे पास डिज़ाइन होंगे।

वायर्ड, फरवरी, 1996

कम्प्यूटर्ज़

हार्डवेयर में समस्या यह है कि आप ऐसा एक कम्प्यूटर नहीं बना सकते जो किसी दूसरे के बनाए कम्प्यूटर से दोगुना अच्छा हो। बहुत से लोग इसे बनाना जानते हैं। आप सौभाग्यशाली हैं जो आप पहले कम्प्यूटर की तुलना में थोड़ा भी बेहतर बना पाएँ और फिर उसके छह माह बाद ही हर कोई वैसा ही बनाने लगे।

रोलिंग स्टोन, 16 जून, 1994

कम्पनी फोकस

हम बाज़ार का कोई अध्ययन नहीं करते, हम कोई सलाहकार भी नहीं रखते...हम केवल महान उत्पाद बनाना चाहते हैं।

सीएनएन मनी/फॉर्च्यून, फरवरी 2008

प्रतियोगिता

Next के साथ काम करने के दौरान एक इंटरव्यू में एप्पल से प्रतियोगिता के सम्बन्ध में पूछे गये एक प्रश्न का जवाब देते हुए : मैं नहीं जानता था कि एप्पल मेरा मालिक है। मैं नहीं सोचता कि वह है। मुझे लगता है कि मैं अपना मालिक हूँ और मुझे अपने कौशल पर जीवन में फिर काम न कर पाना विचित्र लगता है। हम कोई भी प्रौद्योगिकी, कोई भी मालिकाना विचार एप्पल से बाहर नहीं ले जाएँगे। हम यह लिखकर देना चाहते हैं। वैसे भी यह नियम है।

यदि वे सोचते हैं कि हम कुछ महान कर रहे हैं तो ऐसा कुछ नहीं है जिससे लगे कि एप्पल हमारे साथ प्रतियोगिता नहीं कर सकता। यह सोचना बहुत कठिन कि 2 खरब डॉलर की 4300 कर्मियों वाली कम्पनी नीली जीन्स पहने हुए छह लोगों से प्रतियोगिता नहीं कर सकती।

न्यूज़वीक, 30 सितम्बर, 1985

प्रत्येक के लिए कम्प्यूटर

एप्पल का मूल लक्ष्य लोगों के लिए कम्प्यूटर बनाना था, कॉर्पोरेशन्स के लिए नहीं। विश्व को एक और डैल अथवा कॉम्पैक नहीं चाहिए।

टाइम, 18 अक्टूबर, 1999

औज़ार के रूप में कम्प्यूटर

मेरे लिए कम्प्यूटर क्या है...अब तक का सबसे अनुपम औज़ार. यह हमारे मस्तिष्कों के लिए एक बाइसाइकिल के बराबर है।

मैमरी एंड इमेजिनेशन, 1990

भ्रामक उत्पाद

जब मैं यहाँ आया तो मैंने पाया कि यहाँ अनगिनत उत्पाद हैं। और मैंने लोगों से पूछना शुरू किया कि मैं 4400 के स्थान पर 3400 खरीदने की सलाह क्यों दूँ? और कब किसी को 6500 देखकर उछल पड़ना चाहिए परन्तु 7300 पर नहीं? और तीन सप्ताह बाद मैं स्वयं उनमें अन्तर नहीं कर पाता था। मैंने सोचा कि यदि मैं इसका अन्तर नहीं समझा सकता...तो ग्राहक इसका अन्तर कैसे समझेंगे?

एप्पल के विश्वभर के डिवलपर्स का सम्मेलन, 1998

उपभोक्तावाद

मैं बहुत सी वस्तुएँ नहीं खरीद पाता क्योंकि मुझे वे बेतुकी लगती हैं।

द इंडिपेंडेंट

हमने परिवार में कुछ समय इस चर्चा पर लगाया कि हम क्या बेचना चाहते हैं, हमने डिज़ाइन के सम्बन्ध में ढेरों बातें कीं, परन्तु हमने परिवार के मूल्यों की भी चर्चा की। क्या हमें इससे बहुत अन्तर पड़ता है कि हमारे कपड़े एक घंटे में धुलते हैं या डेढ़ घंटे में। क्या हम इस बात पर बहुत ध्यान देते हैं कि हमारे कपड़े वास्तव में मुलायम हैं और देर तक चलते हैं? क्या हम एक चौथाई पानी प्रयोग करने के सम्बन्ध में सोचते हैं? हमने लगभग दो सप्ताह तक हर रोज़ रात खाने की मेज़ पर यह चर्चा की, हम वही पुराने वाशर-ड्रायर की चर्चा पर पहुँच जाते और वह चर्चा उनके डिज़ाइन के सम्बन्ध में होती थी।

वायर्ड, फरवरी 1996

उपभोक्ता उत्पाद डिज़ाइन

पुनः आई पोड : अनेक उपभोक्ता उत्पादों के डिज़ाइन को ध्यान से देखें—उनकी सतहें वास्तव में जटिल हैं। हमने कुछ ऐसा बनाने का प्रयत्न किया जो कहीं अधिक सम्पूर्ण और साधारण हो। जब आप किसी समस्या का समाधान करने का प्रयास प्रारम्भ करते हैं तो शुरू-शुरू में जो समाधान सूझते हैं, वे बहुत जटिल होते हैं और अधिकांश लोग वहीं रुक जाते हैं। परन्तु यदि हम प्रयास जारी रखें, समस्या उठते-बैठते हमारी सोच में बनी रहे और प्याज़ की परतें छीलते चलें तो प्रायः आप किसी बहुत सुन्दर और साधारण समाधानों तक पहुँच जाएँगे। अधिकतर लोग वहाँ तक पहुँचने के लिए आवश्यक समय अथवा ऊर्जा नहीं लगाते। हमारा विश्वास है कि ग्राहक तेज़ होते हैं और ऐसी वस्तुएँ चाहते हैं जो गहन सोच-विचार कर बनी हों।

न्यूज़वीक, 16 अक्टूबर, 2006

योगदान

यह पहली बार होने वाली बातों में से एक था कि मुझे अहसास होने लगा कि शायद थॉमस एडिसन ने विश्व को सुधारने के लिए कार्ल मार्क्स और नीम करोली बाबा (हिन्दू गुरु)—दोनों द्वारा किए गये संयुक्त प्रयासों से कहीं अधिक प्रयास किए थे।

स्टीव जॉब्स, *एप्पल* के पीछे प्रतिभावान मस्तिष्क, 2009

सम्मिलन

गत दो दशकों से एप्पल जहाँ पहुँचा हुआ है यह ठीक वह बिन्दु है जहाँ कम्प्यूटर प्रौद्योगिकी एवं उपभोक्ता इलैक्ट्रॉनिकी का बाज़ार आपस में मिलते हैं। अतः ऐसा नहीं है कि हमें कहीं जाने के लिए नदी पार करनी पड़ती है; अपितु नदी का दूसरा छोर हमारी ओर आ रहा है।

फॉर्च्यून, 21 फरवरी, 2005

नये टूल्ज़ (उपकरण) बनाना

हम लोगों के लिए उपकरण बनाते हैं, सृजन के लिए उपकरण, सम्प्रेषण के लिए उपकरण। हम जिस युग में रह रहे हैं, ये औज़ार आपको आश्चर्यचकित करते हैं ...इसीलिए हम जो करते हैं, वह मुझे पसन्द है। हम क्योंकि उपकरण बनाते हैं और हम निरन्तर आश्चर्यचकित होते रहते हैं कि लोग उनके साथ क्या काम करते हैं।

डी सम्मेलन : *ऑन द थिंग्स डिजिटल*, 2007

रचनात्मकता एवं प्रौद्योगिकी

मैंने पिक्सर में जो सीखा, उनमें से एक है कि प्रौद्योगिकी उद्योग और कन्टेंट उद्योग एक-दूसरे को नहीं समझते। सिलिकॉन वैली और अधिकतर प्रौद्योगिकी कम्पनियों में, मैं दावे से कहता हूँ कि प्रायः लोग अभी भी रचनात्मक प्रक्रिया को ऐसे देखते हैं कि लगभग 30 वर्ष की आयु के कुछ व्यक्ति एक पुराने सोफे पर बैठे शराब पी रहे हैं, और चुटकलों के विषय में सोच रहे हैं, क्या ऐसा नहीं सोचते?

वास्तव में ऐसा ही सोचते हैं। उनके विचार में टेलीविज़न भी ऐसे ही बनता है, पिक्चरें भी ऐसे बनती हैं...हॉलीवुड और कन्टेंट उद्योग में लोग ऐसा सोचते हैं कि प्रौद्योगिकी एक ऐसी वस्तु है—जिसके लिए आप एक चेक काटकर देते हैं और खरीद लेते हैं। वे प्रौद्योगिकी में रचनात्मकता के तत्त्व को नहीं समझते...ये रात के अँधेरे में गुज़रते समुद्री जहाज़ों के समान है।

डी सम्मेलन : *ऑल द थिंग्स डिजिटल,* 2003

आस्था

काम तब तक सम्पन्न नहीं होता जब तक उसे रवाना न कर दिया जाए।

फोकलोर : ऑर्ग, जनवरी 1983

यात्रा ही पुरस्कार है।

फोकलोर : ऑर्ग, जनवरी 1983

ऑर्गेनाइज़ेशन साफ एवं आसानी से समझ आने वाली और बहुत उत्तरदायी है। सब कुछ बहुत साधारण और सहज हो गया। फोकस और सहजता—मेरे मन्त्र रहे हैं।

बिजनेस वीक डॉट कॉम, 25 मई, 1998

उपभोक्ता शिकायतें

मुझे आई फोन के उपभोक्ताओं से सैकड़ों ई-मेल प्राप्त हुए हैं, जो एप्पल द्वारा आई फोन की बिक्री शुरू होने के दो माह बाद ही इसकी कीमतें 200 डॉलर कम कर दिए जाने को लेकर परेशान हैं। इनमें से प्रत्येक ई-मेल को पढ़ने के बाद मैं कुछ विचारों और निष्कर्षों पर पहुँचा हूँ...परिवर्तन और सुधार सदा होते रहते हैं और सदैव कोई व्यक्ति ऐसा होता है जिसने एक निश्चित अन्तिम तिथि से पहले उत्पाद को खरीद लिया और वह नयी कीमत अथवा नया ऑप्रेटिंग सिस्टम अथवा जो भी नया है, पाने से चूक जाता है। प्रौद्योगिकी के क्षेत्र में यही जीवन है। यदि आप हमेशा कीमत में आगामी कटौती अथवा नये बेहतर मॉडल की प्रतीक्षा करते रहेंगे तो आप कभी भी प्रौद्योगिकी उत्पाद नहीं खरीद पाएँगे। क्योंकि उस जगत में सदा कुछ बेहतर और कम महँगा होता है...हम आई फोन की कीमतों को कम करने का हालाँकि सही निर्णय ले रहे हैं और यद्यपि प्रौद्योगिकी का मार्ग बहुत ऊबड़-खाबड़ है, परन्तु हमें कम कीमतों के साथ तेज़ी से नये उपभोक्ताओं की ओर बढ़ने के साथ-साथ पहले आई फोन खरीद चुके उपभोक्ताओं का ध्यान रखने का बेहतर कार्य भी करना है। हमारे प्रारम्भिक उपभोक्ताओं ने हम पर विश्वास किया। हमें इन जैसे क्षेत्रों में अपने कार्यों द्वारा उनके विश्वास को बनाए रखना है।

एप्पल वेबसाइट, सितम्बर 2007

उपभोक्ता निष्ठा

मुझसे यह बहुत पूछा जाता है कि एप्पल के उभोक्ता इतने निष्ठावान क्यों हैं, ऐसा इसलिए नहीं है कि वे मैक सम्प्रदाय से हैं। ऐसा कहना बहुत हास्यास्पद है।

ऐसा इसलिए है कि आप जब हमारे उत्पाद खरीदते हैं और तीन माह बाद आप कहीं अटक जाते हैं तो बहुत जल्द ही आपको अपनी समस्या का समाधान मिल जाता है। और आप सोचते हैं, "वाह, किसी ने एप्पल में वास्तव में इसके बारे में सोचा था।"...विश्व में शायद कोई भी ऐसा उत्पाद नहीं है जिसके साथ आपको ऐसा अनुभव हो, परन्तु मैक के साथ ऐसा होता है और आपको ऐसा अनुभव आई पोड के साथ भी होता है।

ब्लूमबर्ग बिजनेस वीक, 12 अक्तूबर, 2004

डेविड बनाम गोलिएथ

मुझे यह बहुत विचित्र लगता है कि विश्व की सबसे बड़ी कम्प्यूटर कम्पनी (आईबीएम) एप्पल 11 के कहीं पासंग भी नहीं थी, जिसे छह वर्ष पूर्व एक गैराज में डिज़ाइन किया गया था।

इन्फो वर्ड, 8 मार्च, 1982

अन्तिम तिथियाँ

बिल्कुल नहीं, सम्भव ही नहीं कि हम चूक रहे हैं। तुम लोग इस काम पर महीनों से लगे हो। कुछ और सप्ताह लग जाने से बहुत अन्तर नहीं पड़ने वाला। तुम इससे निकल ही आओगे, बस इसे जितना अच्छा बना सकते हो, बनाओ, बेहतर होगा कि अब तुम काम में वापस जुट जाओ।

फोकलोर, ऑर्ग, जनवरी 1984

वास्तविक कलाकारों का जहाज़।

फोकलोर, ऑर्ग, जनवरी 1984

मृत्यु

इसीलिए मैं सोचता हूँ कि मृत्यु जीवन का सर्वाधिक अद्‌भुत आविष्कार है। यह व्यवस्था को इन पुराने मॉडल से मुक्त कर साफ कर डालता है। मेरे विचार में यह एप्पल की चुनौतियों में से भी एक है। वास्तव में, जब दो युवा व्यक्ति नये उत्पाद अथवा वस्तु को लेकर आते हैं तो क्या हम उसे स्वीकार कर लेंगे और कहेंगे कि यह बहुत बढ़िया है। क्या हम अपने मॉडल को छोड़ देने के लिए तैयार हैं अथवा क्या हम इसका स्पष्टीकरण देंगे? मेरे विचार में हम बेहतर करेंगे, क्योंकि हम इसे पूरी तरह से समझते हैं और यह हमारी प्राथमिकता है।

प्लेब्वॉय, फरवरी 1985

ब्लूमबर्ग द्वारा उनकी समय से पूर्व मृत्यु की घोषणा कर दिए जाने पर मार्क ट्वेन का उदाहरण देते हुए; मेरी मृत्यु की खबरों को बहुत बढ़ा-चढ़ा कर कहा गया है।

आई फोन के लिए एप्पल का समारोह, 9 सितम्बर, 2008

निर्णय लेना

एप्पल में प्रति सप्ताह दस ऐसे निर्णय लिए जाने होते हैं जो वास्तव में महत्त्वपूर्ण होते हैं। यह खरीदने-बेचने वाली कम्पनी है; प्रति माह इसके अनेक नये उत्पाद होते हैं और इनमें से कुछ निर्णय गलत होते हैं तो आप उन्हें शायद कुछ महीनों के बाद ठीक कर पाते हैं, पिक्सर में चूँकि मैं फिल्मों का निर्देशन नहीं कर रहा हूँ, वहाँ प्रतिमाह, शायद प्रत्येक तिमाही केवल कुछ ही वास्तव में महत्त्वपूर्ण नीतिपरक निर्णय लिए जाने होते हैं। परन्तु उन्हें परिवर्तित करना वास्तव में बहुत कठिन होता है। पिक्सर में कार्य की गति बहुत धीमी है, परन्तु जब आप इन मार्गों पर चलते हैं तो अपनी सोच नहीं बदल सकते।

इन्फिनिटी एंड बीऑन्ड को 2007

मृत्यु

एप्पल की कुछ अथाह परिसम्पत्तियाँ हैं, परन्तु मेरा विश्वास है कि बिना कोई ध्यान दिए कम्पनी, कम्पनी, कम्पनी—मैं सही शब्द ढूँढ़ रहा हूँ—मर सकती थी।

टाइम, 18 अगस्त, 1997

सृष्टि पर छाप छोड़ना

कब्रिस्तान में सबसे धनी व्यक्ति होने से मुझे कोई अन्तर नहीं पड़ता...रात को बिस्तर पर जाते हुए कहना कि हमने कुछ आश्चर्यजनक किया है—यह मेरे लिए महत्त्वपूर्ण है।

वॉल स्ट्रीट जर्नल, 25 मई, 1993

डिज़ाइन

अधिकतर लोगों के शब्दकोश में डिज़ाइन का अर्थ है ऊपरी चमक-दमक। यह आन्तरिक सज्जा है, यह पर्दों एवं सोफे का कपड़ा है। परन्तु मेरे लिए डिज़ाइन के अर्थ से आगे कुछ नहीं हो सकता। डिज़ाइन मानव-निर्मित रचना की मूलभूत आत्मा है जो उत्पाद अथवा सेवा की एक के बाद एक बाहृय परतों में स्वयं को व्यक्त करती है।

फॉर्च्यून, 24 जनवरी, 2000

डिज़ाइन मज़ेदार शब्द है, कुछ लोग सोचते हैं कि डिज़ाइन का अर्थ है कि यह कैसा दिखता है। परन्तु यदि आप गहराई में जाएँ तो वास्तव में डिज़ाइन का अर्थ है कि यह काम कैसे करता है। मैक का डिज़ाइन यह नहीं था कि यह कैसा दिखता था, हालाँकि उसकी दिखावट डिज़ाइन का भाग थी। मुख्य रूप से यह था कि यह काम कैसा करता है। किसी चीज़ का वास्तव में बहुत अच्छा डिज़ाइन तैयार करने के लिए आपको इसे पाना होता है। आपको वास्तव में जानना होता है कि यह सब है क्या। किसी चीज़ को गहराई से समझने के लिए उत्कट प्रतिबद्धता की आवश्कयता होती है। इसे तेज़ी से बस निगलो नहीं, चबाओ। अधिकतर लोग वह करने के लिए आवश्यक समय नहीं लगाते।

वायर्ड, फरवरी, 1996

मर्सीडीज़ के स्टाइल को देखें, बारीकियों से लेकर प्रवाहित सी होती लाइनों के अनुपात को देखें। वर्ष बीतने के साथ-साथ उन्होंने इन लाइनों को कोमल कर दिया है परन्तु बारीकियाँ और सूक्ष्म हो गयी हैं। हमने मेकिन्तोष के साथ भी यही करना है।

ओडिसी; पेप्सी से एप्पल, 1987

अनिवार्य अन्तर

लिज़ा के लोग कुछ महान करना चाहते थे। और मैक के लोग पागलपन की हद तक कुछ महान करना चाहते थे। अन्तर दिखाई देता है।

इन्सेनली ग्रेट, 2000

डिज़्नी की एनिमेटिड फिल्मों के उत्तर संस्करण

डिज़्नी द्वारा सीक्वल बनाना हमें बहुत बुरा लगता है क्योंकि यदि आप उनकी क्वालिटी देखें, जैसे कि द लॉयन किंग 1. 3 और (रिटर्न टू नेवर लैंड) यह बहुत लज्जास्पद है।

एसोशिएटेड प्रेस, 2004

ई–बुक पाठक

मुझे पूर्ण विश्वास है कि हमेशा ही कुछ समर्पित यन्त्र होंगे और उनके द्वारा केवल एक ही कार्य किए जाने के कुछ लाभ होंगे। परन्तु मेरे विचार में सामान्य प्रयोग के यन्त्र बाज़ी मार लेंगे। क्योंकि मुझे लगता है कि लोग समर्पित यन्त्र के लिए पैसा खर्च करने के शायद इच्छुक नहीं हैं।

न्यूयॉर्क टाइम्स, 9 सितम्बर, 2009

कर्मियों को प्रेरणा

हम एक अलग तरह के व्यक्ति को आकृष्ट करते हैं—एक ऐसा व्यक्ति जो 5 अथवा 10 वर्ष तक यह प्रतीक्षा नहीं करना चाहता कि कोई उस पर बड़ा जोखिम लेगा, कोई ऐसा व्यक्ति जो वास्तव में अपनी सोच से थोड़ा अधिक आगे जाना चाहता है और सृष्टि में छोटा सा निशान छोड़ता है।

प्लेब्वॉय, फरवरी 1985

कर्मियों की क्षमता

मेरा कार्य लोगों के साथ सहज होना नहीं है। मेरा कार्य उन्हें बेहतर बनाता है।

सीएनएन मनी/फॉर्च्यून, फरवरी 2008

उत्तेजना

हमने आइमैक ऐसी वस्तुएँ देने के लिए तैयार किया जिसे उपभोक्ता सबसे अधिक चाहते हैं—इंटरनेट की उत्तेजना और मैक की सरलता, आइमैक 1299 डॉलर में आने वाले वर्ष का कम्प्यूटर है, पिछले वर्ष का 999 डॉलर का कम्प्यूटर नहीं।

आईमैक पर *एप्पल* की प्रेस विज्ञप्ति, 6 मई, 1998

श्रेष्ठता

लोग तुम्हें तुम्हारे कार्य से आँकते हैं, अतः परिणाम पर ध्यान केन्द्रित करो। गुणवत्ता का पैमाना बनो। कुछ लोग ऐसे वातावरण के आदी नहीं होते जहाँ श्रेष्ठता की आशा की जाती है।

कर्मचारियों को निकालना

यह पीड़ादायक होता है कि आपके पास कुछ ऐसे लोग हों जो विश्व के सर्वश्रेष्ठ लोग नहीं हैं और आपको उनसे पीछा छुड़ाना है; परन्तु मैं देखता हूँ कि कई बार मेरा काम ठीक यही करना रहा है—कुछ ऐसे लोगों से छुटकारा पाना जो खरे नहीं उतरते और मैंने इस कार्य को सदा मानवीय ढंग से करने का प्रयास किया है परन्तु फिर भी इसे करना होता है और यह करना कभी सरल नहीं होता।

स्मिथसोनियन इन्स्टीट्यूशन ओरल एंड वीडियो हिस्टरीज़,
20 अप्रैल, 1995

फ्लैश क्रैश

सिमेंटेक ने हाल ही में फ्लैश के सम्बन्ध में जानकारी दी कि वर्ष 2009 में इसका सबसे बुरा सुरक्षा रिकॉर्ड रहा है। हम भी पहले से ही यह जानते हैं कि मैक के विफल होने का सर्वप्रथम कारण फ्लैश है। हम इन समस्याओं के समाधान के लिए एडोब के साथ काम करते रहे हैं परन्तु वे सालों से अभी भी बनी हुई हैं। हम फ्लैश लगाकर अपने आई फोन, आई पोड और आई पैड की विश्वसनीयता और सुरक्षा को कम नहीं करना चाहते...फ्लैश पीसी के युग में पीसी और माउस के लिए बनाई गयी थी। फ्लैश एडोब के लिए एक सफल व्यवसाय है और हम समझ सकते हैं कि वे इसे पीसी से आगे क्यों ले जाना चाहते हैं परन्तु मोबाइल का युग निम्न-ऊर्जा यन्त्रों, टच इंटरफेस और ओपन वेब स्टैंडर्ड्ज़ का युग है—वे सभी क्षेत्र, जिनमें फ्लैश कम पड़ जाती है।

एप्पल वेबसाइट, अप्रैल 2000

फोकस

लोग सोचते हैं कि फोकस का अर्थ है उस कार्य के लिए 'हाँ' कहना जिस पर आपको ध्यान केन्द्रित करना है। परन्तु इसका अर्थ यह बिल्कुल भी नहीं है। इसका अर्थ है अन्य उपलब्ध एक सौ अच्छे विचारों को 'न' कहना। आपको ध्यानपूर्वक चयन करना है। हमने जो कार्य नहीं किए, मैं वास्तव में उनके लिए भी उतना ही गौरवान्वित हूँ, जितना कि उन कार्यों के लिए जो हमने किए हैं।

फॉर्च्यून.कॉम, 7 मार्च, 2008

उत्पादों पर ध्यान केन्द्रित करना

"1997 में आपके लौटने से पूर्व के दशक के दौरान हम एप्पल के नवाचार के संघर्ष से क्या सीख सकते हैं।" इस प्रश्न के उत्तर में कहा गया कि एक प्रौद्योगिकी कम्पनी में भी आपको एक अत्यधिक उत्पाद-उन्मुख संस्कृति की आवश्यकता होती है। अनेक कम्पनियों में टनों महान इंजीनियर और फुर्तीले लोग होते हैं। परन्तु अन्ततः किसी गुरुत्वाकर्षण की आवश्यकता होती है जो इस सबको इकट्ठा करता है। अन्यथा तो आपको सृष्टि में इधर-उधर घूम रहे प्रौद्योगिकी के महान टुकड़े मिल जाएँगे। परन्तु ये जुड़कर कुछ ज़्यादा नहीं बनते।

ब्लूमबर्ग बिज़नेस वीक, 12 अक्टूबर, 2004

निश्चित ही, हम जो करें, उसका कोई व्यापारिक उद्देश्य होना चाहिए, परन्तु यह कभी भी प्रारम्भिक बिन्दु नहीं होता, हम उत्पाद और प्रयोक्ता के अनुभव से प्रारम्भ करते हैं।

टाइम, 1 अप्रैल, 2010

मुद्दे पर बल देना

हुआ क्या था कि डिज़ाइनर को यह वास्तव में महान विचार आया। वे इसे लेकर इंजीनियर्स के पास गये और इंजीनियर्स ने उत्तर दिया, "नहीं, हम यह नहीं कर सकते, यह असम्भव है" और इसलिए यह बहुत गड़बड़ा गया। तब वे इसे निर्माण करने वाले लोगों के पास लेकर गये और उन्होंने कहा, "हम यह नहीं बना सकते।" बात और भी बिगड़ गयी...निश्चित ही हम जब इसे इंजीनियरों के पास लेकर गये तो उन्होंने कहा, "ओह!" और उन्होंने इसे न करने के 38 कारण बताए। मैंने कहा, "नहीं, नहीं, हम इसे कर रहे हैं।" उन्होंने कहा, "ठीक है पर क्यों?" मैंने उत्तर दिया, "क्योंकि मैं सीईओ हूँ और मेरे विचार से यह किया जा सकता है और इस प्रकार उन्होंने कुढ़ते हुए-से इसे किया। परन्तु यह बहुत हिट हुआ।

टाइम, 16 अक्टूबर, 2005

प्रगतिशील सोच

यदि आप अपना जीवन रचनात्मक ढंग से, एक कलाकार के रूप में जीना चाहते हैं तो आपको पीछे बहुत अधिक नहीं देखना है। आपने जो भी किया है और आप जो भी थे—उसे ले जाकर दूर फेंक देने के लिए तैयार होना होगा।

प्लेब्वॉय, फरवरी 1985

बीते कल जो हुआ, उसकी चिंता करने की बजाय आओ आने वाले कल का आविष्कार करें।

डी सम्मेलन, *ऑल थिंग्स डिजिटल,* 30 मई, 2007

ठीक करना

'सॉल्यूशन ज़ोन्स' द्वारा एप्पल स्टोर को पुनः डिज़ाइन करना : इस पर मुझे नहीं मालूम छह-नौ महीने लगे। परन्तु यह दूरदृष्टि वाला बहुत सही निर्णय था।

फॉर्च्यून, 19 मार्च, 2007

लक्ष्य

हमने जब पहली बार एप्पल की शुरुआत की तो हमने पहला कम्प्यूटर वास्तव में इसलिए बनाया कि हम एक कम्प्यूटर बनाना चाहते थे, हमने इस नये झक्की कम्प्यूटर को रंग एवं ढेर-सी अन्य वस्तुओं के साथ डिज़ाइन किया, जिसे एप्पल-II कहा गया, जिसके विषय में शायद आपने सुना है। हममें इस एक साधारण कार्य को करने का जुनून था कि हमारे मित्रों के पास कम्प्यूटर हो जिससे कि वे उससे उतना ही मनोरंजन कर सकें जितना कि हम करते थे।

लिटल किंगडम में वापसी, 2009

विवशतापूर्ण भद्रता

अनेक बार इंटरव्यू में मैं जानबूझ कर किसी को परेशान कर देता था : मैं उनके पहले के काम की आलोचना करता। मैं अपनी तैयारी करता था और पता लगाता था कि उन्होंने किस पर काम किया है और कहता, "वह वास्तव में बम साबित हुआ, वह वास्तव में—बेकार उत्पाद निकला, आपने उस पर काम क्यों किया?"...मैं देखना चाहता हूँ कि लोग दबाव में कैसे होते हैं, मैं देखना चाहता हूँ कि वे झुक जाते हैं अथवा उन्होंने जो किया उसके प्रति उनका दृढ़ विश्वास है और उस पर उन्हें गर्व है।

इन द कम्पनी ऑफ जाएंट्स, 1997

महान उत्पाद डिज़ाइन

हमने अन्ततः जर्मनी में बने मेले उपकरणों को चुना...इन लोगों ने वास्तव में प्रक्रिया को पूरी तरह सोचा था। उन्होंने वाशर्स और ड्रायर्स की डिज़ाइनिंग का ऐसा बढ़िया कार्य किया था। मुझे वर्षों में उच्च प्रौद्योगिकी की किसी वस्तु ने उतना रोमांचित नहीं किया था, जितना उन्होंने किया।

वायर्ड, फरवरी 1996

महान उत्पाद

वास्तव में पागलपन की सीमा तक एक महान उत्पाद बनाना बहुत कुछ उत्पाद बनाने की प्रक्रिया पर निर्भर करता है कि आप नयी चीज़ें कैसे सीखते हैं और नये विचार कैसे अपनाते हैं और पुराने विचारों को बाहर फेंक देते हैं।

प्लेब्वॉय, फरवरी 1985

आप मेरे विचार, मेरी फिलॉस्फी जानते हैं—यह सदा बहुत साधारण रही है और इसमें अपने दोष भी हैं, जिनकी मैं बात करूँगा। मेरी फिलॉस्फी है कि सब कुछ महान उत्पाद से प्रारम्भ होता है। इसलिए आप जानते हैं कि मैं स्वभावतः ग्राहकों की बात सुनने पर विश्वास करता हूँ। परन्तु ग्राहक आपको अगले वर्ष मिलने वाली बड़ी सफलता, जो सम्पूर्ण उद्योग को बदल कर रख देगी, के सम्बन्ध में नहीं बता सकते। अतः आपको बहुत ध्यानपूर्वक सुनना होता है परन्तु तब आपको चले जाना होता है, लगभग छिपकर चले जाना होता है—आपको जाकर उन लोगों के साथ छिप जाना होता है जो वास्तव में प्रौद्योगिकी को समझते हैं परन्तु साथ ही ग्राहकों की परवाह भी करते हैं और अगली सफलता के स्वप्न देखते हैं। यही मेरा दृष्टिकोण है कि सब कुछ महान उत्पाद से प्रारम्भ होता है और इसके अपने दोष हैं। मुझ पर निश्चित रूप से यह दोषारोपण किया गया है कि मैं ग्राहकों की बात पर्याप्त ढंग से नहीं सुनता और मेरे विचार में उस कथन का कुछ अंश वैध भी है।

न्यूज़वीक, 29 सितम्बर, 1985

महान विचार

अन्ततः बात रुचि पर आती है, बात स्वयं को मनुष्य द्वारा किए गये श्रेष्ठ कार्यों से अवगत करवाने के प्रयास पर आती है। और फिर उन चीज़ों को अपने कार्य में लाने का प्रयास करने पर...पिकासो एक कहावत कहा करते थे : अच्छे कलाकार नकल करते हैं, महान कलाकार चोरी करते हैं और हम सदैव महान विचारों को चुराने के प्रति निर्लज्ज रहे हैं। मेरे विचार में मैकिन्तोष को महान बनाने में आंशिक योगदान इस बात का भी था कि इस पर काम करने वाले लोग संगीतकार और कलाकार और जैवविज्ञानी और इतिहासविद् थे जो विश्व के श्रेष्ठ कम्प्यूटर विज्ञानी भी बने।

ट्राइम्फ ऑफ द नर्ड, पीबीएस, जून 1996

कठोर परिश्रम

मैं अपने जीवन में कभी इतना नहीं थका। मैं रात को लगभग दस बजे घर पहुँचता और सीधे बिस्तर पर गिर पड़ता और अगले दिन छह बजे स्वयं को बिस्तर से घिसटते हुए बाहर निकालता, स्नान करता और काम पर चला जाता। मुझे इस प्रकार रखने का सारा श्रेय मेरी पत्नी को जाना चाहिए। उसने मेरा ध्यान रखा और एक अनुपस्थित पति के साथ परिवार को जोड़कर रखा।

स्वास्थ्य पर अटकलें

जैसा कि आपमें से बहुत जानते हैं, पूरे 2008 के दौरान मेरा वज़न कम होता रहा है। इसका कारण मेरे और मेरे डॉक्टरों के लिए एक रहस्य बना रहा। कुछ सप्ताह पहले मैंने इसकी जड़ तक जाने का निर्णय लिया। इसका उपचार करना मेरी सर्वोच्च प्राथमिकता बनने की आवश्यकता थी। सौभाग्य से कुछ और परीक्षण करने के बाद मेरे डॉक्टर सोचते हैं कि उन्हें कारण मिल गया है—हार्मोन्स में असन्तुलन, जो मेरे शरीर के स्वास्थ्य के लिए आवश्यक प्रोटीन को नष्ट किए दे रहा है। गहन रक्त परीक्षणों ने इसकी पुष्टि कर दी है—अतः अब मैं जितना कहना चाहता था, उससे अधिक कह चुका हूँ और इस सम्बन्ध में मैं बस इतना ही कहूँगा।

एप्पल वेबसाइट, 5 जनवरी, 2009

स्वास्थ्य के लिए अवकाश लेना

स्वयं को खबरों से दूर करने और अपने स्वास्थ्य पर ध्यान केन्द्रित करने के लिए और एप्पल में सबको असाधारण उत्पाद प्रदान करने पर ध्यान लगा देने के लिए मैंने जून माह के अन्त तक चिकित्सा अवकाश लेने का निर्णय किया है।

मैंने एप्पल का दिन-प्रतिदिन का कामकाज देखने का कार्य टिम कुक को सौंपा है और मैं जानना हूँ कि वह और शेष कार्यकारी प्रबन्धन समूह बढ़िया काम करेंगे। सीईओ के रूप में सभी महत्त्वपूर्ण नीतिपरक निर्णयों में बाहर से शामिल रहने की मेरी योजना है। हमारे निदेशक बोर्ड ने इस योजना पर अपनी पूरी सहमति दी है।

समस्त *एप्पल* कर्मियों को ई-मेल, 14 जनवरी, 2009

आईबीएम

आईबीएम का स्वागत है। सच में...और आपके पहले पर्सनल कम्प्यूटर के लिए मुबारक, लोगों के हाथ में संगणन की वास्तविक शक्ति दे देने से लोगों के कार्य करने, सोचने, सीखने, सम्प्रेषण और अपना खाली समय व्यतीत करने का ढंग पहले ही बेहतर हो रहा है। कम्प्यूटर साक्षरता तेज़ी से पढ़ने और लिखने की भाँति एक आधारभूत कौशल बनती जा रही है।

वॉल स्ट्रीट जर्नल में *एप्पल* का
प्रकाशित विज्ञापन, अगस्त, 1981

आईबीएम हमें धरती से मिटा डालना चाहता है।
फॉर्च्यून, 20 फरवरी, 1984

आईसीईओ

कुछ लोग शब्द ‘इन्टेरिम’ यानि अन्तरिम को लेकर चिन्तित हैं परन्तु वे अन्तिम सीईओ के बारे में चिन्तित नहीं थे और वह अन्तरिम नहीं था।

एप्पल के शेयर धारकों की बैठक

22 अप्रैल, 1998

प्रभाव, एप्पल के कर्मियों को एक सम्बोधन में

एप्पल जहाँ पहुँच रहा है, उसे प्रभावित करने के लिए हमारे पास एक बड़ा अवसर है। प्रत्येक दिन बीतने के साथ यहाँ 50 लोगों द्वारा किया जा रहा काम ब्रह्मांड में बड़ी तरंगें पैदा कर देगा, मैं तरंगों की गुणवत्ता से वास्तव में खुश हूँ। मैं जानता हूँ कि मेरे साथ काम करना थोड़ा कठिन हो सकता है परन्तु यह अपने जीवन में किया गया सर्वाधिक आनन्दप्रद कार्य है, मैं अत्यधिक प्रसन्न हूँ।

रिटर्न टू द लिटल किंगडम, 2009

नवाचार

अनेक कम्पनियों ने अपने आकार को कम करने का निर्णय लिया है और शायद ऐसा करना उनके लिए उचित था। हमने भिन्न मार्ग चुना। हमारा मन था कि यदि हम ग्राहकों के सामने महान उत्पाद रखते रहे तो वे अपने बटुए खोलते रहेंगे।

ब्लूमबर्ग बिज़नेस वीक, 18 अगस्त, 2003

नवाचार एक नेता और एक अनुयायी के बीच अन्तर करता है।

स्टीव जॉब्स के इनोवेशन सीक्रेट्स, 2011

माइक्रोसॉफ्ट पर

वे मैक की नकल कर पाए क्योंकि मैक समय के साथ थम गया था। मैक बीते 10 वर्षों में बहुत नहीं बदला था। यह शायद 10 प्रतिशत बदला होगा। यह बैठी हुई चिड़िया थी, यह आश्चर्यजनक है कि माइक्रोसॉफ्ट को बैठी हुई चिड़िया जैसी वस्तु की नकल तैयार करने में 10 वर्ष लगे। दुर्भाग्य से एप्पल बहुत अधिक सहानुभूति का हकदार नहीं है। उन्होंने आर एंड डी में सैकड़ों-सैकड़ों डॉलर लगाए परन्तु परिणाम बहुत कम मिला। मौलिक मैक के बाद उन्होंने लगभग कोई भी नया उत्पाद तैयार नहीं किया।

अतः अब मैकिन्तोष के मौलिक जीन इस धरती पर आबाद हो गये हैं। 90 प्रतिशत विंडोज़ के रूप में, परन्तु फिर भी दसियों करोड़ कम्प्यूटर ऐसे ही काम करते हैं और वह बड़ी बात है। प्रश्न है कि अब आगे क्या हो? और इस पीसी क्रान्ति को क्या चलाए रखने वाला है?

रोलिंग स्टोन, 16 जून, 1994

जो लोग हमारी फिल्में देखने जाते हैं वे हमें अपना कुछ अत्यन्त महत्त्वपूर्ण सौंप रहे हैं—अपना समय और अपनी कल्पना, अतः उस विश्वास का सम्मान करने के लिए हमें बदलते रहना है; हमें स्वयं को चुनौती देनी है और अपने दर्शकों को हर बार किसी नवीनता से चकित करने का प्रयास करना है।

स्टीव जॉब्स, जॉन लास्सेटर और ई.डी. केटमल
इन्फिनिटी एवं बिऑन्ड को 2007

अन्तर्दृष्टि

मेरे विचार में व्यक्ति जो अपने आसपास देखता है, उसके सम्बन्ध में गहन जानकारी रखना कलात्मकता होती है। सामान्यतया वस्तुओं को इस प्रकार इकट्ठा रखना कि जैसे पहले कभी किसी ने न रखा हो और अन्य लोगों, जिनके पास उस प्रकार की अन्तर्दृष्टि नहीं है, को उसका वर्णन करने का मार्ग ढूँढ निकालना...

स्मिथसोनियन इन्स्टीट्यूशन ओरल एंड वीडियो हिस्टरीज़, 20 अप्रैल, 1995

हमारे पास हार्डवेयर का अनुभव था, औद्योगिक डिज़ाइन की विशेषज्ञता थी और आई ट्यून्ज़ सहित सॉफ्टवेयर की विशेषज्ञता थी, हमारे पास सबसे बड़ी यह अन्तर्दृष्टि थी कि हमने आपकी संगीत लायब्रेरी को आई पोड पर व्यवस्थित करने का प्रयास करने के स्थान पर आई ट्यून्ज़ पर सँभालने का निर्णय लिया। अन्य कम्पनियों ने सब कुछ डिवाइस पर ही करने का प्रयत्न किया और इसे इतना जटिल बना दिया कि यह बेकार ही हो गया।

न्यूज़वीक, 14 अक्टूबर, 2006

प्रेरणा

जैसा कि आपने उल्लेख किया है कि मैंने विश्व में किसी भी व्यक्ति की तुलना में अधिक स्कूलों में अधिक कम्प्यूटरों से सहायता की है और मैं इस बात से पूरी तरह से सहमत हूँ कि यह किसी भी प्रकार से सबसे अधिक महत्त्वपूर्ण कार्य नहीं है। सर्वाधिक महत्त्वपूर्ण चीज़ है व्यक्ति, ऐसा व्यक्ति जो आपकी जिज्ञासा को जाग्रत करता है और आपकी जिज्ञासा को तुष्ट करता है, मशीनें यह कार्य ठीक वैसे नहीं कर सकतीं जैसे लोग कर सकते हैं।

स्मिथसोनियन इन्स्टीट्यूशन ओरल एंड वीडियो

हिस्टरीज़, 20 अप्रैल, 1995

संघटन

इस उद्योग में एप्पल एकमात्र ऐसी कम्पनी बची है जो सम्पूर्ण विजेट को डिज़ाइन करती है—हार्डवेयर, सॉफ्टवेयर डेवलपर सम्पर्क एवं मार्केटिंग। यह ऐसा है, जैसा मेरा मानना है कि यही एप्पल का सबसे बड़ा नीतिपरक लाभ है। हमारी कोई योजना नहीं थी अतः यह ऐसा लगता था कि यह बहुत बड़ा घाटा है। परन्तु योजना के साथ यह एप्पल का मुख्य नीतिपरक लाभ है, यदि आप यह विश्वास करते हैं कि इस उद्योग में अभी भी नवाचार की सम्भावना है, जैसा कि मैं करता हूँ क्योंकि एप्पल किसी की भी तुलना में अधिक तेज़ी से नवाचार कर सकता है।

टाइम, 10 अक्टूबर, 1999

विविध प्रतिभाएँ

मैंने कभी यह विश्वास नहीं किया कि वे पृथक् हैं, लियोनार्डो दा विन्ची एक महान कलाकार और एक महान वैज्ञानिक था। मिशेल एन्जेलो को खदानों में पत्थर काटने की अथाह जानकारी थी। मैं जो एक दर्जन बहुत बढ़िया कम्प्यूटर वैज्ञानिकों को जानता हूँ, वे सब संगीतकार हैं। कुछ दूसरों से अच्छे हैं परन्तु वे सब उसे अपने जीवन का महत्त्वपूर्ण भाग मानते हैं। मैं यह नहीं मानता कि इनमें से किसी भी क्षेत्र के श्रेष्ठ लोग स्वयं को विभिन्न शाखाओं वाले वृक्ष की एक शाखा मानते हैं। मैं वह देखता ही नहीं; लोग इन चीज़ों को आपस में बहुत जोड़ देते हैं। डॉ. लैण्ड ने पोलेरॉयड में कहा था "मैं चाहता हूँ कि पोलेरॉयड कला और विज्ञान के संधिस्थल पर खड़ा हो और मैं यह कभी नहीं भूला हूँ। मेरे विचार में यह सम्भव है और मेरे विचार में अनेक लोगों ने प्रयास किया है।"

टाइम, 10 अक्टूबर, 1999

इंटरनेट चोरी एवं प्रेरणा

हमने कहा : हम नहीं जानते कि आप लोगों को चोर होने से कैसे रोक सकते हैं जब तक आप उन्हें कोई वास्तविक लालच न दें और वह लोभ है; हम आपको बेहतर अनुभव देने वाले हैं...और आपको केवल एक डॉलर में एक गाना देने वाले हैं।

रोलिंग स्टोन, 25 दिसम्बर, 2003

इनमें से कोई भी प्रौद्योगिकी, जिसकी आप बात कर रहे हैं, कामयाब नहीं होगी। हमारे पास पीएच.डी. हैं, जो कि विषय को भीतर-बाहर जानते हैं और हम विश्वास नहीं करते कि डिजिटल सामग्री की रक्षा करना सम्भव है...जो नया है, वह है चोरी की गयी सामग्री के लिए आश्चर्यजनक रूप से प्रभावी वितरण प्रणाली, जिसे इंटरनेट कहते हैं...और कोई इंटरनेट को बन्द नहीं करने वाला। इंटरनेट पर होने के लिए केवल एक चोरी की गयी प्रति की आवश्यकता होती है और हमने उन्हें इसका वर्णन ऐसे किया : एक ताला लो और उससे हर दरवाज़ा खोल लो। एक ताला उठाने के लिए केवल एक व्यक्ति की आवश्यकता होती है।

रोलिंग स्टोन, 25 दिसम्बर, 2003

आई पैड और अपरिहार्य परिवर्तन

यह रूपान्तरण कुछ लोगों को परेशान करने वाला है—मेरी और आपकी तरह पीसी की दुनिया के लोगों को। यह हमें परेशान करने वाला है क्योंकि पीसी हमें बहुत दूर ले आया है—यह प्रतिभावान है और हम पीसी उपरान्त युग की बात करना पसन्द करते हैं, परन्तु जब यह वास्तव में होने लगता है तो यह बहुत से लोगों के लिए असुविधाजनक होता है।

डी-8 सम्मेलन, 3 जून, 2010

आई पैड आई फोन को प्रोत्साहित करता है

मैंने वास्तव में पहले टेबलेट पर कार्य शुरू किया था। मेरा विचार की-बोर्ड से मुक्त हो सकने का था, मल्टी-टच ग्लास डिस्प्ले पर टाइप करके और मैंने अपने लोगों से पूछा कि क्या हम मल्टी-टच डिस्प्ले तैयार कर सकते हैं, जिस पर मैं अपने हाथ टिका सकूँ और वास्तव में टाइप कर सकूँ। लगभग छह माह बाद उन्होंने मुझे भीतर बुलाया और मुझे यह प्रोटोटाइप डिस्प्ले दिखाया। यह आश्चर्यजनक था। यह 2000 के प्रारम्भ की बात है। और मैंने इसे एक अन्य, वास्तव में प्रतिभाशाली यू आई (यूज़र इंटरफेस) के व्यक्ति को दिया और उसने मुझे कुछ सप्ताह बाद वापस बुलाया और उसके पास इनर्शियल स्क्रोलिंग और कुछ अन्य वस्तुएँ काम कर रही थीं। मैंने सोचा, हे भगवान हम इससे फोन बना सकते थे। और मैंने टेबलेट परियोजना को शेल्फ पर रख दिया क्योंकि फोन अधिक महत्त्वपूर्ण था। और हमने अगले अनेक वर्ष लगाए और आई फोन तैयार किया।

डी-8 सम्मेलन, 1-3 जून, 2010

आई फोन

आई फोन अन्य सबके पास जो है, उससे पाँच वर्ष आगे है। यदि हम और सब चीज़ न करते, हम पाँच वर्ष के लिए सेट हो चुके होते।

न्यूज़वीक, 9 जनवरी, 2007

आई पोड नैनो

हम अप्राधिकृत क्षेत्र में हैं, हमने इतनी संख्या में पहले कुछ नहीं बेचा।

सीएनबीसी इंटरव्यू, सितम्बर 2006

आई पोड टच

प्रारम्भ में, हम सुनिश्चित नहीं थे कि 'टच' को कैसे बेचें : क्या यह फोन के बिना आई फोन था? क्या यह पॉकेट कम्प्यूटर था? हुआ क्या कि ग्राहकों ने हमें बताया कि, उन्होंने इसे एक खेल मशीन के रूप में देखना शुरू कर दिया था। हमने उसे वैसे ही बेचना प्रारम्भ कर दिया और यह चल निकला। और अब हम वास्तव में क्या देखते हैं कि यह एप्पल स्टोर में आने का सबसे सस्ता मार्ग है और वही बड़ा आकर्षण है, अतः हमारा प्रयास बस इसकी कीमत कम करके 199 डॉलर करने पर केन्द्रित था। हमें नया सामान लाने की आवश्यकता नहीं, हमें कीमत इतनी कम करने की आवश्यकता है कि इसे प्रत्येक व्यक्ति खरीद सके।

न्यूयॉर्क टाइम्स, 9 सितम्बर, 2009

आई ट्यून्स

नेपस्टर और काज़ा ने निश्चित रूप में यह प्रदर्शित किया कि इंटरनेट को संगीत उपलब्ध करवाने के लिए बहुत उपयुक्त बनाया गया था। समस्या यह कि वे अवैध हैं। और इससे जो सेवाएँ प्राप्त हुई हैं और जो वैध हैं, वे आपको दिए जाने वाले अधिकारों के अर्थ में रक्तहीन हैं और वे आपसे अपराधी-सा व्यवहार करती हैं। आप सीडी नहीं बना सकते अथवा आप इसे अपने एमपी 3 प्लेयर में नहीं डाल सकते। अतः हमारा विचार एक ऐसी संगीत सेवा को लाना था जिसके लिए आपको शुल्क न देना पड़े अथवा सदस्यता न लेनी पड़े, आप 99 सेंट प्रति गाने की दर से संगीत खरीद सकते हैं और आपके पास महान डिजिटल अधिकार—इसे प्रयोग करने के महान अधिकार हैं। आप निजी प्रयोग के लिए जितनी चाहे सीडी बना सकते हैं, आप इसे अपने आई पॉड्स में डाल सकते हैं। आप इसे अन्य एप्लिकेशंस में प्रयोग कर सकते हैं, आप इसे अनेक कम्प्यूटर्स पर रख सकते हैं।

सीएनएन, 28 अप्रैल, 2003

जॉब्स का वार्षिक वेतन

मुझे वर्ष में 50 सेंट दिखाई देने के लिए...और अन्य 50 सेंट मेरे काम के आधार पर मिलते हैं।

एप्पल शेयर धारकों की बैठक, 2007

अतीत को छोड़ दो

जब मैं 1997 में यहाँ वापस आया तो मैं और अधिक स्थान खोज रहा था और मुझे पुराने मैक व अन्य सामान का एक भंडार मिला...मैंने वह सब स्टेनफोर्ड...भेज दिया। इस व्यवसाय में यदि आप पीछे मुड़कर देखते हैं, तो आपको कुचल दिया जाएगा। आपको आगे देखना है।

वायर्ड, 22 दिसम्बर, 2008

जीवन की जटिलताएँ

यह उन्माद है, पागलपन है : हम सबके जीवन व्यस्त हैं, हमारी नौकरियाँ हैं, हमारी रुचियाँ हैं और हममें से कुछ के बच्चे हैं। इस व्यस्त समाज में हम सबकी जिन्दगियाँ और व्यस्त होती जा रही हैं, कम व्यस्त नहीं। आपके पास यह सब सीखने के लिए समय नहीं है और सब कुछ और जटिल होता जा रहा है।

द इंडिपेंडेंट, 29 अक्टूबर, 2005

बाज़ार में अपना हिस्सा खो देना

और कैसे एकाधिकार समाप्त होते हैं? इसके बारे में सोचें। उत्पादन के कुछ बहुत अच्छे लोग कुछ बहुत अच्छे उत्पादों का आविष्कार करते हैं और कम्पनी का एकाधिकार हो जाता है। परन्तु उसके बाद ये उत्पादन के लोग नहीं होते, जो कम्पनी को आगे लेकर जाते हैं। ये मार्केटिंग के अथवा वे लोग होते हैं जो लेटिन अमरीका अथवा कहीं तक भी बिज़नेस को बढ़ाते हैं.. .इस प्रकार लोगों का एक अलग समूह आगे बढ़ने लगता है और अन्त में प्रायः कौन इस प्रक्रिया को आगे बढ़ाता है? सेल्स के लोग।

ब्लूमबर्ग बिज़नेस वीक, 12 अक्टूबर, 2004

धन गँवाना

मैं एकमात्र ऐसा व्यक्ति हूँ जिसने एक वर्ष में एक चौथाई बिलियन डॉलर गँवा दिए हैं...व्यक्तित्व को स्वरूप देने में इसकी बहुत भूमिका है।

एप्पल कॉन्फिडेंशियल, फरवरी, 2004

खोए हुए अवसर

हम इसलिए अटारी गये और कहा सुनो हमारे पास यह आश्चर्यजनक वस्तु है। इसमें कुछ हिस्से आपके भी लगे हैं, हमें वित्तीय सहायता प्रदान करने के विषय में आपका क्या विचार है? अथवा हम यह आपको दे देते हैं। हम बस यह करना चाहते हैं। हमें वेतन दे दो, हम आकर आपके लिए काम करेंगे। और उन्होंने कहा, "नहीं", अतः हम ह्यूलेट-पेकार्ड के पास गये और उन्होंने कहा, "हमें आपकी जरूरत नहीं, अभी तो आपने कॉलेज की पढ़ाई भी पूरी नहीं की है।"

रीयलिटी चैक, 2008

मैक क्यूब

अपने समय से आगे व्यावसायिक धमाका : G4 क्यूब अब तक बना सबसे बढ़िया कम्प्यूटर है, कम्प्यूटर की एक सम्पूर्ण नयी श्रेणी। इसमें पेंटियम को पछाड़ देने वाली पॉवर मेक G4 की कार्यकारिता के साथ आइमेक का छोटा आकार, आवाज रहित ऑप्रेशन एवं प्रभावशाली डैस्कटॉप डिज़ाइन है। यह इंजीनियरिंग एवं डिज़ाइन का विस्मयजनक कमाल है और हम अन्ततः इसे अपने ग्राहकों के सामने रखते हुए बहुत रोमांचित हो रहे हैं।

मैक्वर्ड एक्स्पो, 2000

मैक का परिचय

अब 1984 है। ऐसा लगता है कि आईबीएम इसे पूरा चाहता है। एप्पल को एकमात्र आशा के रूप में देखा जा रहा है जो आईबीएम को बाजार में कड़ी टक्कर देगा। प्रारम्भ में खुली बाजुओं से आईबीएम का स्वागत करने वाले डीलरों को अब भय है कि भविष्य आईबीएम के प्रभुत्व एवं नियन्त्रण में होगा। वे शीघ्रता से और हताश होकर एप्पल की ओर लौट रहे हैं। वे इसे एक ऐसी शक्ति के रूप में देख रहे हैं जो उनके भविष्य की स्वतन्त्रता को सुनिश्चित कर सकती है। आईबीएम यह सब चाहता है और अपनी बन्दूकों को औद्योगिक नियन्त्रण की एकमात्र बाधा 'एप्पल' की ओर ताने हुए है। क्या 'बिग ब्लू' का सम्पूर्ण कम्प्यूटर उद्योग पर दबदबा होगा? सम्पूर्ण सूचना युग पर? क्या जॉर्ज ऑरवेल ठीक था?

'1984' मैकिन्तोष विज्ञापन के लिए
एप्पल का प्रमुख सम्बोधन, 1983

मैक की विरासत

आपने 1984 का कमर्शियल देखा था। मैकिन्तोष क्यूपर्टिनो, कैलिफोर्निया में एक अपेक्षतया छोटी कम्पनी थी जिसने गोलिएथ, आईबीएम को यह कहते हुए ले लिया था, "एक मिनट रुको, तुम गलत रास्ते पर हो, यह वो मार्ग नहीं है जिस पर हम चाहते हैं कि कम्प्यूटर जाएँ, हम यह दाय नहीं छोड़ना चाहते। यह वो नहीं है जिसे हम चाहते हैं कि हमारे बच्चे सीखें। यह गलत है और हम आपको इसे करने का सही मार्ग दिखाने वाले हैं और वह ये है, यह मैकिन्तोष है और यह कितना अधिक बेहतर है।"

स्मिथसोनियन इन्स्टीट्यूशन ओरल एंड वीडियो

हिस्टरीज़, 20 अप्रैल, 1995

स्पष्ट घोषणाएँ करना

मैं जानता हूँ कि धीरे-धीरे सुलगना क्या होता है परन्तु मेरी प्रवृत्ति धमाके करने की है।

कोड नेम जिंजर, 2008

मार्केटिंग

मेरा स्वप्न है कि विश्व में प्रत्येक व्यक्ति के पास अपना एप्पल कम्प्यूटर होगा। वैसा करने के लिए हमें एक बड़ी मार्केटिंग कम्पनी होना होगा।

ओडिसी : पेप्सी से एप्पल, 1987

माइक्रोसॉफ्ट में नवाचार का अभाव

माइक्रोसॉफ्ट के साथ बस यही समस्या है कि वह सुरुचिपूर्ण नहीं है...इससे मेरा तात्पर्य छोटे अथवा हल्के अर्थ में नहीं है। मेरा तात्पर्य बड़े रूप में इस अर्थ में है कि वे मौलिक विचारों के विषय में नहीं सोचते और वे अपने उत्पाद में बहुत संस्कृति का भी समावेश नहीं करते...मुझे उनकी सफलता से कोई परेशानी नहीं है... उन्होंने अधिकतर तो सफलता पा ली है। मुझे इस तथ्य से परेशानी है कि वे वास्तव में तीसरे दर्जे के उत्पाद तैयार करते हैं।

ट्राइम्फ्स ऑफ द नर्ड्स, पीबीएस,

जून, 1996

जो चीज़ मैं सोचता हूँ कि अच्छी नहीं है, वह यह है कि मैं यह विश्वास नहीं करता कि माइक्रोसॉफ्ट ने स्वयं को चीज़ों में सुधार लाने के कारक के रूप में प्रस्तुत किया है। अगली क्रान्ति लाने के माध्यम के रूप में रूपान्तरित किया है। उदाहरण के लिए जापानवासियों पर केवल नकल करने का दोषारोपण किया जाता था और वास्तव में उन्होंने प्रारम्भ में यही किया, परन्तु वे थोड़े अधिक सुरुचि सम्पन्न हो गये और उन्होंने नवाचार करना प्रारम्भ किया—ऑटोमोबाइल के क्षेत्र में देखो, उन्होंने

निश्चित रूप से वहाँ काफी नवाचार किया है, मैं यही बात माइक्रोसॉफ्ट के विषय में नहीं कह सकता।

रोलिंग स्टोन, 16 जून, 1994

माइक्रोसॉफ्ट की सूक्ष्म दृष्टि

मैंने बिल गेट्स को बताया कि मैं अपने कहे गये प्रत्येक शब्द पर विश्वास करता हूँ परन्तु मुझे यह सार्वजनिक रूप से नहीं कहना चाहिए था। मैं उसे शुभकामनाएँ देता हूँ, वास्तव में देता हूँ। मेरा बस यह विचार है कि वह और माइक्रोसॉफ्ट थोड़े संकीर्ण हैं। वे एक उदार व्यक्ति होते यदि उन्होंने एक ही बार धमाका कर दिया होता अथवा अपनी युवावस्था में आश्रम चले गये होते।

न्यूयॉर्क टाइम्स मैगज़ीन, 12 जनवरी, 1997

गलत समझे गये मूल्य

आप जानते हैं, इस धन जैसी वस्तु के प्रति मेरा विचार है कि यह मज़ाकिया है, सारा ध्यान इस पर रहता है, क्योंकि यह शायद ही सर्वाधिक महत्त्वपूर्ण वस्तु है जो गत दस वर्षों में मुझे प्राप्त हुई है। परन्तु यह मुझे बूढ़े होने का अहसास करवाती है, कई बार जब मैं शिक्षा संस्थानों में भाषण देता हूँ तो मुझे लगता है कि विद्यार्थी इस तथ्य से सर्वाधिक विस्मित होते हैं कि मैं करोड़पति हूँ।

प्लेब्वॉय, फरवरी 1985

गलतियाँ

एप्पल उत्पादों में से फ्लैश हटाने के सम्बन्ध में : भिन्न-भिन्न लोगों का चुनाव विभिन्न प्रकार का होता है। और यदि बाज़ार हमें बताता है कि हम गलत चुनाव कर रहे हैं तो हम बाज़ार की बात सुनते हैं।

डी-8, कॉन्फ्रेंस, 1 जून, 2010

धन

नूतन प्रयासों का इससे कोई सम्बन्ध नहीं कि आप आर एंड डी (अनुसन्धान एवं विकास) में कितना धन खर्च करते हैं। एप्पल ने जब मैक बनाया, उस समय आईबीएम आर एंड डी पर कम से कम एक सौ गुणा अधिक खर्च कर रहा था। इसमें धन का कोई प्रश्न नहीं होता अपितु यह महत्त्वपूर्ण होता है कि आपके पास कैसे लोग हैं, आपका नेतृत्व कैसा है और आपको कितना मार्गदर्शन मिलता है...मैंने विरले ही ऐसा देखा है जब कम से कम दो प्रतियोगी न हों और लोगों की जीवन में महत्त्वपूर्ण उत्पाद अथवा सेवा प्राप्त हो। एप्पल को बहुत सुन्दर ढंग से दूसरे प्रतियोगी का स्थान प्राप्त है।

फॉर्च्यून, 9 नवम्बर, 1998

जब मेरी आयु तेईस वर्ष थी तो मेरे पास एक करोड़ डॉलर की सम्पत्ति थी। जब मैं 24 वर्ष का हुआ तो यह 10 करोड़ डॉलर से अधिक हो गयी और जब मेरी आयु पच्चीस वर्ष थी तो यह एक सौ मिलियन डॉलर से अधिक थी। और यह उतना महत्त्वपूर्ण नहीं था क्योंकि मैंने कभी धन के लिए यह सब नहीं किया।

ट्राइम्फ्स ऑफ द नर्ड्स, पीबीएस, 1 जून, 1996

कर्मचारियों को प्रेरित करना

अधिकतर कम्पनियों में क्या होता है कि वहाँ श्रेष्ठ लोगों को कार्य करने के लिए उपयुक्त वातावरण नहीं दिया जाता और वहाँ व्यक्ति की योग्यता प्रोत्साहित होने के स्थान पर निरुत्साहित होती है। ऐसे में असाधारण लोग छोड़कर चले जाते हैं और कम्पनी औसत दर्जे की रह जाती है। मैं यह जानता हूँ क्योंकि एप्पल भी ऐसे ही बनी है।

प्लेब्वॉय, फरवरी, 1985

जो लोग काम कर रहे हैं, वही एप्पल की जीवन शक्ति हैं। मेरा कार्य उनके लिए एक अलग जगह बनाना और उन्हें शेष कम्पनी से अलग रखना है। मैंने अब तक जिन लोगों के साथ काम किया है, यह उनमें सबसे साफ-सुथरा समूह है। वे सब असाधारण रूप से प्रतिभावान हैं परन्तु इससे भी अधिक महत्त्वपूर्ण गुण उनका जीवन के प्रति नज़रिया है, उनके अनुसार यात्रा ही पुरस्कार है। वे वास्तव में इस उत्पाद को विश्व में देखना चाहते हैं। इस समय यह उनकी निजी ज़िन्दगियों से अधिक महत्त्वपूर्ण है।

मैक्वर्ड, नं.-1, फरवरी 1984

प्रेरणा

पेप्सी कम्पनी के पूर्व एग्जीक्यूटिव जॉन एफले से, जिसे जॉब एप्पल में लाने का प्रयास कर रहे थे—तुम अपना शेष जीवन चीनी मिला पानी बेच कर व्यतीत करना चाहते हो अथवा तुम विश्व को बदलने का एक मौका चाहते हो?

ओडिसी, पेप्सी से एप्पल, 1987

थल सेना में कार्य करने से जलदस्यु होना अधिक मज़ेदार है।

ओडिसी, पेप्सी से एप्पल, 1987

मिलकर काम करना

हमारे व्यवसाय में एक व्यक्ति अब कुछ भी नहीं कर सकता। आप अपने आसपास लोगों की टीम तैयार करते हैं। आपमें उस समूह के प्रति कार्य के लिए निष्ठा का दायित्व होता है। प्रत्येक व्यक्ति अपनी सामर्थ्य के अनुसार उत्तम कार्य करना चाहता है।

स्मिथसोनियन इन्स्टीट्यूशन ओरल

एंड वीडियो हिस्टरीज़, 20 अप्रैल, 1995

नेट बुक्स

नेट बुक्स किसी की भी तुलना में बेहतर नहीं हैं। वे केवल सस्ते लेपटॉप हैं।

आई पैड के लिए एप्पल समारोह,

27 जनवरी, 2010

जॉब्स का जीवनवृत्त

उद्देश्य : मैं ठोस बुनियाद के साथ एक फिक्सर–अप्पर ढूँढ़ रहा हूँ। मैं दीवारों को फाड़ डालने, पुल बनाने और आग जलाने का इच्छुक हूँ। मेरे पास महान अनुभव, ढेर सी ऊर्जा, थोड़ी सी 'विज़न कही जाने वाली वस्तु' है और मैं प्रारम्भ से शुरू करने से नहीं डरता। कौशल : 'विज़न', सार्वजनिक सम्बोधन, टीम को प्रेरित करना और वास्तव में आश्चर्यजनक उत्पाद तैयार करने में सहायता करना।

स्टीव जॉब्स का जीवनवृत्त, आई टूल्स को बढ़ावा देने के लिए on mc.com पर विज्ञापन, 5 जनवरी, 2000

नये उत्पाद

मैं यह पहले भी कह चुका हूँ परन्तु मैंने सोचा कि इसे दोहराया जाना चाहिए। यह एप्पल की आधारभूत धारणा है कि केवल औद्योगिकी पर्याप्त नहीं है। प्रौद्योगिकी उदार कलाओं के साथ गहरे जुड़कर, मानवता के साथ गठजोड़ करके ही वह परिणाम देती है, जिसे देखकर हमारे हृदय गा उठते हैं और यह पीसी के बाद के यन्त्रों (डिवाइस) के मामले में सर्वाधिक सत्य है।

इस टेबलेट बाज़ार में अनेक लोग आ रहे हैं और वे इसे अगले पीसी के रूप में देखते हैं। हार्डवेयर और सॉफ्टवेयर विभिन्न कम्पनियाँ तैयार करती हैं। और वे स्पीड व फीड की चर्चा करते हैं, ठीक वैसे जैसा कि उन्होंने पीसी के समय किया था।

और हमारा अनुभव तथा हमारा रोम-रोम कहता है कि वह इसे करने का सही ढंग नहीं है, कि पीसी के बाद के यन्त्र प्रयोग में पीसी से भी सरल होने आवश्यक हैं। वे पीसी से भी अधिक अन्तर्दर्शी होने चाहिए। और जिनमें हार्डवेयर और सॉफ्टवेयर और एप्लिकेशन पीसी से भी अधिक सीवन रहित ढंग से परस्पर गुँथे हुए हों।

और हमारे विचार में हम इसमें सही मार्ग पर चल रहे हैं। हमारे विचार में हमारे पास सिलिकॉन में ही नहीं, संगठन में इस प्रकार के उत्पाद बनाने के लिए सही वास्तुशिल्पी हैं।

और इस प्रकार मैं सोचता हूँ कि हमारी इस बाज़ार में अच्छा प्रतियोगी होने की काफी अच्छी सम्भावना है और मैं

आशा करता हूँ कि आपने आज जो देखा है, उससे आपको अच्छा अनुभव हुआ है।

आई पैड 2 के लिए एप्पल का समारोह

2 मार्च, 2011

सफलताओं पर रुक न जाना

मेरे विचार में यदि आप कुछ करते हैं और वह बहुत बढ़िया हो जाता है तो आपको इस पर लम्बे समय तक रुक नहीं जाना चाहिए अपितु आपको कुछ और आश्चर्यजनक करना चाहिए। तत्काल सोचें कि अगला क्या है?

एनबीसी न्यूज़ इंटरव्यू, 25 मई, 2006

प्रयोक्ता के अनुभव को स्वीकारना

हम एकमात्र ऐसी कम्पनी हैं जिसका सम्पूर्ण विजेट अपना है—हार्डवेयर, सॉफ्टवेयर और ऑप्रेटिंग सिस्टम भी। हम प्रयोक्ता के अनुभव की पूरी जिम्मेदारी ले सकते हैं। हम ऐसे कार्य कर सकते हैं जो दूसरा व्यक्ति नहीं कर सकता।

टाइम, 14 जनवरी, 2002

'थिंक डिफ्रेंट' विज्ञापन अभियान

ठीक है, मैं आपको बताता हूँ—हम इसे इसलिए नहीं करते कि यह अच्छे से स्वीकार होता है अथवा नहीं। हमारी एक समस्या है और हमारी समस्या यह थी कि लोग भूल गये थे कि एप्पल के मायने क्या हैं। सच्चाई तो यह है कि हमारे कर्मचारी भूल गये हैं कि एप्पल के मायने क्या हैं? अतः एप्पल है क्या—यह बताने के लिए हमें एक माध्यम की आवश्यकता थी और हमने सोचा कि तुम किसी को कैसे बताते हो कि तुम क्या हो, तुम कौन हो।

पैकेजिंग

मुझे यह स्पष्ट था कि जहाँ हार्डवेयर के शौकीनों का एक समूह था जो अपने कम्प्यूटर स्वयं एसेम्बल कर सकता था वहीं हजारों लोग ऐसे भी थे जो इसे नहीं कर सकते थे परन्तु प्रोग्रामिंग में हाथ आज़माना चाहते थे...ठीक वैसे, जैसे मैं दस वर्ष की आयु में करता रहा था...और इस प्रकार एप्पल 2 के लिए मेरा स्वप्न वास्तव में पैक किए हुए प्रथम कम्प्यूटर को बेचना था।

ट्राइम्फ्स ऑफ द नर्ड्स, पीबीएस, 1997

पार्क का ग्राफिकल इंटरफेस

आल्टो के पास विश्व का पहला ग्राफिकल यूज़र इंटरफेस था। इसके पास विंडोज़ थी, एक अपरिष्कृत मेन्यू सिस्टम था, पैनल और अन्य वस्तुएँ भी थीं, यह ठीक से काम नहीं करता था परन्तु मूल रूप से सब कुछ उनके पास था...मैं ग्राफिकल यूज़र इंटरफेस के जीवाणु की सम्भावनाओं से इतना प्रभावित था कि मैंने पाया कि मैं बाकी दोनों का पता ही नहीं लगा पाया।

पार्क का नूतन प्रयास

[ज़ीरोक्स का पालो आल्टो रिसर्च सेंटर] इसके पास सब कुछ पूर्णतः ठीक नहीं था परन्तु उन्हें तीनों वस्तुओं के जीवाणु का अनुमान था और ये तीन चीजें थीं : ग्राफिकल यूज़र इंटरफेसिज़, ऑब्जेक्ट ओरिएंटिड कम्प्यूटिंग एवं नेटवर्किंग।

स्मिथसोनियन इन्स्टीट्यूशन ओरल एंड वीडियो

हिस्टरीज़, 20 अप्रैल, 1995

संकीर्ण सोच

म्यूज़िक कम्पनियाँ गाने को आई ट्यून्स पर बेचकर सीडी की तुलना में अधिक धन कमाती हैं। वे यदि कीमतें बढ़ाना चाहती हैं तो केवल इसलिए कि वे लोभी हैं। कीमतें यदि बढ़ जाती हैं तो लोग चोरी (पायरेसी) की ओर लौटते हैं—और तब सबकी हानि होती है।

गार्जियन, 21 सितम्बर, 2005

साझेदारी

हम नहीं समझते कि एक कम्पनी सब कुछ कर सकती है। इसलिए आपको सम्बन्धित क्षेत्र में अच्छा काम कर रहे लोगों के साथ साझेदारी करनी होती है...हम खोज करने में योग्य होने का प्रयत्न ही नहीं कर रहे हैं इसलिए हम उन लोगों के साथ साझेदारी करते हैं जो उस काम में कुशल हैं...हम जानते हैं कि विश्व में ग्राहकों की खोज कैसे की जाती है...लेकिन हम यह नहीं जानते कि पृष्ठभूमि में यह काम कैसे किया जाए। तभी हम इस काम में पारंगत लोगों की सहायता लेते हैं। और हम जो करना चाहते हैं वह यह है कि हम ग्राहकों को एक बढ़िया डिवाइस, एक संगत उत्पाद देना चाहते हैं और इसके द्वारा एक उत्तम यूज़र इंटरफेस में दी जा सकने वाली सूचनाओं और वस्तुओं के माध्यम से एक विशेष अनुभव देना चाहते हैं।

जुनून

लोग कहते हैं कि आप जो कर रहे हैं, उसके प्रति आपके मन में अत्यधिक उत्साह होना चाहिए और यह पूर्ण रूप से सत्य है। और इसका कारण है कि यह इतना कठिन है कि यदि आप में उमंग नहीं तो कोई भी विचारशील व्यक्ति इसे छोड़ देगा। यह वास्तव में बहुत कठिन है और आपको इसे लम्बे समय तक करना है। अतः यदि आप इसे पसन्द नहीं करते, आप इसे करते हुए आनन्दित नहीं होते तो आप इसे वास्तव में पसन्द नहीं करते और आप इसे छोड़ देंगे। और बहुत से लोगों के साथ वास्तव में यही होता है। आप यदि उन लोगों की ओर देखें जो समाज की दृष्टि में 'सफल' हैं और जो सफल नहीं हैं, तो आप प्रायः पाएँगे कि वही लोग सफल हैं, जिन्हें, उन्होंने जो किया, वह पसन्द था, अतः वे अत्यधिक कठिन समय में भी स्वयं को स्थिर रख सके। और जो इसे पसन्द नहीं करते थे, वे छोड़ गये क्योंकि वे समझदार हैं, ठीक है न? कौन उस कार्य को सहन करेगा, जिसे वह पसन्द नहीं करता। अतः इसके लिए अत्यधिक कठोर परिश्रम की, निरन्तर उसके विषय में सोचते रहने, चिन्तित रहने की आवश्यकता है और यदि आप अपने द्वारा किए जा रहे कार्य को पसन्द नहीं करते तो आप असफल हो जाएँगे।

डी-5 कॉन्फ्रेंस, *ऑल थिंग्स डिजिटल,*

20 मई, 2007

आपको पता लगाना है कि आप क्या पसन्द करते हैं और यह आपके कार्य के लिए भी उतना सत्य है जितना आपके प्रेमियों के लिए। आपका कार्य आपके जीवन का एक बहुत बड़ा भाग बनने वाला है और वास्तव में सन्तोष प्राप्त करने का, सन्तुष्ट होने का एकमात्र तरीका यही है कि वही करें जिसे आप महान सोचते हैं और महान कार्य करने का एकमात्र तरीका यह है कि जो आप करते हैं, उसे पसन्द करें...समझौता न करें।

सत्र प्रारम्भ सम्बोधन, स्टेनफोर्ड यूनिवर्सिटी, 12 जून, 2005

निष्क्रिय बनाम सक्रिय सोच

हम नहीं सोचते कि टेलीविज़न और पर्सनल कम्प्यूटर्स का विलय होने वाला है, ये एक होने वाले हैं। हम ये मानते हैं कि मूलतः आप अपने दिमाग को आराम देने के लिए टेलीविज़न देखते हैं और जब आप अपने दिमाग को सक्रिय, जाग्रत करना चाहते हैं तो आप अपने कम्प्यूटर पर कार्य करते हैं।

डिजिटल हब के रूप में पीसी

हमारा विश्वास है कि आगामी महान युग में पर्सनल कम्प्यूटर इन सभी यन्त्रों का डिजिटल हब होगा।

टाइम, 14 जनवरी, 2002

समझ

माइक्रोसॉफ्ट को मैक की नकल करने में दस वर्ष लगे, इसका एक कारण मेरे विचार में यह है कि वे उसे भीतर तक समझ ही नहीं सके थे।

टेरी ग्रॉस, *फ्रेश एयर* इंटरव्यू, 1996

धैर्य

मैं इस बात से सहमत हूँ कि सफल उद्यमियों को गैर-सफल उद्यमियों से जो वस्तु पृथक् करती है, उसका लगभग आधा तो धैर्य है...यदि आप में अपने कार्य के प्रति अथाह जोश और उमंग नहीं है तो उसमें आप अपने को नहीं बचाए रख सकते। आप निश्चित ही उसे छोड़ देने वाले हैं। अतः आपके पास कोई विचार होना चाहिए, कोई समस्या अथवा कोई गलत कार्य, जिसे आप सही करना चाहते हैं और जिसके लिए आप में उत्साह है; अन्यथा आप में अन्त तक उसमें टिके रहने की दृढ़ता नहीं आएगी।

स्मिथसोनियन इन्स्टीट्यूशन ओरल एंड वीडियो

हिस्टरीज़, 20 अप्रैल, 1995

पिक्सर

पिक्सर को सम्पूर्ण विश्व में अब तक बेहतरीन कम्प्यूटर ग्राफिक्स प्रतिभा प्राप्त हुई और अब उसके पास इस प्रकार की फिल्में बनाने के लिए विश्व भर में बेहतरीन एनिमेशन एवं कलात्मक प्रतिभा है...वास्तव में विश्व में कोई भी और ऐसा नहीं है जो इस प्रकार का कार्य कर सके यह वास्तव में आश्चर्यजनक है। हम शेष सब से शायद लगभग दस वर्ष आगे हैं।

स्मिथसोनियन इन्स्टीट्यूशन ओरल एंड वीडियो

हिस्टरीज़, 20 अप्रैल, 1995

हम यह मानते हैं कि 50 वर्ष पूर्व वॉल्ट डिज़्नी ने 'स्नो व्हाइट' रिलीज़ करके जो सब प्रारम्भ किया था तब से 'टॉय स्टोरी' ऐनीमेशन की दुनिया में सबसे बड़ी छलाँग है।

पिक्सर के लोग

एप्पल में कुछ अत्यधिक आश्चर्यजनक लोग हैं परन्तु पिक्सर में अद्भुत लोगों की संख्या सबसे अधिक है, मैंने ऐसा पहले कभी नहीं देखा। एक व्यक्ति ने कम्प्यूटर से बनाए जाने वाले पौधों—3-डी घास एवं वृक्षों व फूलों—में पीएच.डी. की हुई है। एक अन्य व्यक्ति है जो फिल्मों में बिम्ब सृष्टि करने में विश्व भर में बेहतरीन है। इसके अतिरिक्त पिक्सर अधिक विविधमुखी है। एप्पल कभी इतना नहीं हो सकता परन्तु मुख्य बात यह है कि यह बहुत छोटा है। पिक्सर में 450 लोग हैं। यदि आप दो हज़ार लोगों तक भी पहुँचते हैं तो आपके पास लोगों का वह समूह हो ही नहीं सकता जो अब पिक्सर के पास है।

फॉर्च्यून, 9 नवम्बर, 1998

एन्ड्रॉयड पर पॉर्न एप्लिकेशंस

एन्ड्रॉयड के लिए एक पॉर्न स्टोर है, जहाँ आप जा सकते हैं और यहाँ पर आपके एन्ड्रॉयड फोन के लिए पोर्न एप्लिकेशंस के अलावा कुछ नहीं है। और आप उन्हें डाउनलोड कर सकते हैं, आपके बच्चे उन्हें डाउनलोड कर सकते हैं, आपके बच्चों के दोस्त उन्हें अपने फोन पर डाउनलोड कर सकते हैं और वह बिल्कुल भी ऐसा स्थान नहीं है जहाँ हम जाना चाहते हैं।

आई फोन 4.0 सॉफ्टवेयर के लिए एप्पल समारोह,

8 अप्रैल, 2010

उत्पाद पर गौरव

मैक टीम के 47 सदस्यों पर, जिन्होंने प्रथम मैकिन्तोष के लिए प्लास्टिक से बने केस पर हस्ताक्षर किए : कलाकार अपने कार्य पर हस्ताक्षर करते हैं।

फोकलोर, ओआरजी से पंक्ति, 8 अप्रैल, 2010

प्राथमिकताओं का मूल्यांकन

अपनी पत्नी लॉरीन से मिलने के सम्बन्ध में : मैं कार की पार्किंग में था, चाबी कार में ही थी और मैंने अपने मन में सोचा; यह यदि पृथ्वी पर मेरी अन्तिम रात है तो मैं इसे बिज़नेस मीटिंग में बिताना चाहूँगा अथवा इस महिला के साथ? मैं पार्किंग स्थल से दौड़ा और उससे पूछा कि क्या वह रात का भोजन मेरे साथ करेगी? उसने कहा "हाँ", हम शहर में गये और तब से हम एक साथ हैं।

न्यूयॉर्क टाइम्स पत्रिका, 12 जनवरी, 1997

पद्धति

व्यवस्था यह है कि कोई भी व्यवस्था नहीं है, इसका यह अर्थ नहीं कि हमारे पास पद्धति नहीं है एप्पल बहुत अनुशासित कम्पनी है और हमारे पास महान पद्धतियाँ हैं परन्तु एप्पल केवल वही नहीं है। पद्धति आपको और अधिक कुशल बनाती है।

ब्लूमबर्ग बिज़नेस वीक, 12 अक्टूबर, 2004

उत्पाद

एप्पल के विश्व भर में ऑप्रेशन्स के पूर्व प्रमुख जिम मैक्क्लूनी, जिल एमीलियो के त्यागपत्र दे देने के बाद जॉब्स द्वारा नियन्त्रण सँभालने पर एप्पल के मुख्य एक्ज़ीक्यूटिव्स को मुखातिब जॉब्स की आलोचना को याद करते हैं; यह उत्पाद है ...उत्पाद निचोड़ लेते हैं! उनमें अब कोई सैक्स और उत्तेजना शेष नहीं बची है।

ब्लूमबर्ग बिज़नेस वीक, 6 फरवरी, 2006

उत्पाद सृजन

हम जब कोई वस्तु बनाते हैं तो हम इसलिए बनाते हैं क्योंकि हम ग्राहकों की बात सुनते हैं, उनके विचार जानते हैं और उसमें वह भी शामिल कर लेते हैं जो हम देखना पसन्द करेंगे। हम नये उत्पाद तैयार करते हैं, आप वास्तव में नहीं जानते होते कि लोग उन्हें आप जितना ही पसन्द करेंगे।

सीएनबीसी डॉट कॉम, 5 सितम्बर, 2007

उत्पाद डिज़ाइन

ओएस एम्स के एक्वा यूज़र इंटरफेस के सम्बन्ध में : हमने बटनों को स्क्रीन पर इतना सुन्दर दिखाया है कि आप उन्हें चाटना चाहेंगे।

फॉर्च्यून, 24 जनवरी, 2000

उत्पाद की कल्पना

यह पॉप संस्कृति के सम्बन्ध में नहीं है, यह लोगों को मूर्ख बनाना भी नहीं है। यह लोगों को इस बात पर सहमत करना नहीं है कि वे कुछ ऐसा चाहते हैं, जिसे वे नहीं चाहते। हम पहचान जाते हैं कि हम क्या चाहते हैं और मेरे विचार में क्या अन्य अनेक लोग भी इसे चाहने वाले हैं, यह सोचने की सही शिक्षा प्राप्त करने में हम बहुत कुशल हैं। हमें यही करने के लिए वेतन मिलता है अतः आप बाहर जाकर लोगों से नहीं पूछ सकते। क्या आप जानते हैं कि अगली बड़ी वस्तु क्या है। हेनरी फोर्ड की एक महान उक्ति है, उन्होंने कहा था "मैंने यदि अपने ग्राहकों से यह पूछा होता कि वे क्या चाहते हैं तो उन्होंने मुझे बताया होता "एक और तेज़ दौड़ने वाला घोड़ा"।

फॉर्च्यून, 7 मार्च, 2008

उत्पाद नवाचार

एप्पल ने सदा उत्पाद नवाचार पर बल दिया है। एप्पल ने एप्पल-II के साथ इस उद्योग का आविष्कार किया और मेरे विचार में मैक ने इस उद्योग को इतनी नवीनता दी है कि यह विगत दस वर्षों से उस पर निर्वाह कर रहा है। और अब समय है कि कोई किसी नवीन प्रयास के साथ आगे आये जो इस उद्योग को आगे ले जा सके और इसे एप्पल से बेहतर और कौन कर सकता है।

एप्पल का संवाददाता सम्मेलन, दिसम्बर 1996

उत्पाद संघटन

एप्पल के जिस पक्ष के सम्बन्ध में मैं सर्वाधिक गौरवान्वित अनुभव करता हूँ, वह है जहाँ तकनीक और मानवता का संगम होता है, जैसा कि प्रकाशन में हुआ था...टाइपोग्राफिक कलात्मकता, तकनीकी समझ एवं उसे इलेक्ट्रॉनिक्स के माध्यम से क्रियान्वित करने की श्रेष्ठता के साथ जुड़कर इकट्ठे हुए और लोगों को कम्प्यूटर की रहस्यमयी कमांड को समझे बिना कम्प्यूटर प्रयोग करने का सामर्थ्य दिया। इन दो वस्तुओं के संयोजन पर मैं सर्वाधिक गौरवान्वित हूँ।

स्मिथसोनियन इन्स्टीट्यूशन ओरल एंड वीडियो

हिस्टरीज़, 20 अप्रैल, 1995

एप्पल के पास प्रतिभाओं का एक केन्द्रीय समूह है और वे प्रतिभाएँ हैं : मेरे विचार में हम बहुत अच्छा हार्डवेयर डिज़ाइन करते हैं; हम बहुत अच्छा औद्योगिक डिज़ाइन बनाते हैं; हम बहुत अच्छा सिस्टम एवं एप्लिकेशन सॉफ्टवेयर लिखते हैं। और हम इस सबकी इकट्ठी एक उत्पाद के रूप में पैकेजिंग बहुत अच्छी करते हैं। कम्प्यूटर उद्योग में केवल हम ही लोग बचे हैं जो यह करते हैं।

रोलिंग स्टोन, 25 दिसम्बर, 2003

एप्पल सर्वाधिक रचनात्मक प्रौद्योगिकी कम्पनी है– बिल्कुल जैसे पिक्सर प्रौद्योगिकी में सर्वाधिक निपुण रचनात्मक कम्पनी है...लगभग सभी रिकॉर्डिंग कलाकार मैक का प्रयोग करते हैं, उनके पास आई पोड है और अब संगीत जगत के अधिकांश लोगों के पास भी आई पोड हैं। संगीत समुदाय को यह विश्वास है कि एप्पल कुछ ठीक ही करेगा...यह सूक्ष्मताओं को समाप्त नहीं कर देगा–और यह रचनात्मक प्रक्रिया एवं संगीत का ध्यान रखती है और भी कि हमारे समाधान में ऑप्रेटिंग सिस्टम सॉफ्टवेयर, सर्वर सॉफ्टवेयर, एप्लिकेशन सॉफ्टवेयर और हार्डवेयर शामिल है। एप्पल विश्व की एकमात्र कम्पनी है जिसके पास यह सब कुछ एक छत के नीचे है। हम एक सम्पूर्ण समाधान खोज सकते हैं और वह कारगर होता है–और हम इसकी जिम्मेदारी लेते हैं।

बिज़नेस वीक.कॉम, 2 फरवरी, 2004

एक कम्पनी सॉफ्टवेयर बनाती है, दूसरी कम्पनी हार्डवेयर बनाती है...यह काम नहीं करता। इससे नवाचार पर्याप्त तेज़ी से नहीं हो सकता, संघटन भी पर्याप्त सीवन रहित अथवा बिना जोड़ के नहीं होता। प्रयोक्ता इंटरफेस का दायित्व कोई नहीं लेता, यह सब गड्डमड्ड है।

टाइम, 16 अक्टूबर, 2005

उत्पाद की गोपनीयता

हम भविष्य के उत्पादों की कभी बात नहीं करते। एप्पल में एक कहावत हुआ करती थी; यह मजेदार नहीं है? एक जहाज़ जो ऊपर से रिसता है अतः...मैं उसे शाश्वत नहीं बनाना चाहता। अतः मैं वास्तव में भविष्य के उत्पादों के विषय में कुछ नहीं कह सकता।

एबीसी न्यूज़.कॉम, 29 जून, 1985

उत्पाद की अपील

उत्पाद स्वयं अपने लिए बोलते हैं।

प्लेब्वॉय, फरवरी 1985

लाभ बाँटना, पेशगी नहीं

उपचार है कि पेशगी देना बन्द कर दो। उपचार है कि सकल आय के समझौते करो और कलाकार को बता दो : "हम तुम्हें हमें मिलने वाले डॉलर में से 20 सेंट देंगे...परन्तु हम तुम्हें पेशगी नहीं देंगे। उसका गणित बहुत साधारण होगा...तुम जितने सफल होओगे, उतनी ही तुम्हारी आय होगी। परन्तु यदि तुम सफल नहीं हुए तो तुम्हें एक कौड़ी भी नहीं मिलेगी। हम आगे आएँगे और तुम पर मार्केटिंग के लिए कुछ धन लगा देंगे। परन्तु यदि तुम सफल नहीं हुए तो तुम्हें कोई धन नहीं मिलेगा परन्तु यदि हुए तो तुम बहुत अधिक पैसा बनाओगे।" यही इसका उपाय है, इसी तरह शेष दुनिया काम करती है।

रोलिंग स्टोन, 25 दिसम्बर, 2003

गुणवत्ता

हम अपनी सामर्थ्य के अनुसार श्रेष्ठ वस्तु बनाना चाहते थे। जब आप बढ़ई हों और दराजों की सुन्दर अलमारी बना रहे हों तो आप उसके पिछले भाग पर प्लाइवुड का एक टुकड़ा भी नहीं लगाएँगे, चाहे यह दीवार की ओर ही क्यों न आता हो और इसे कभी भी कोई न देख पाए। आप जानते होंगे कि यह टुकड़ा वहाँ लगा है अतः आप पिछले भाग में भी लकड़ी का सुन्दर टुकड़ा लगाएँगे। रात को अच्छी प्रकार से सोने के लिए सुरुचि, सम्पन्नता, गुणवत्ता चारों ओर होनी चाहिए।

प्लेब्वॉय, फरवरी 1985

गुणवत्ता मात्रा से अधिक महत्त्वपूर्ण है...जैसे बेसबॉल में एक होम रन दो डबल से कहीं बेहतर है।

ब्लूमबर्ग बिज़नेस वीक, 6 फरवरी, 2006

भू–सम्पदा कहाँ हो

भारी यातायात वाले स्थानों पर एप्पल स्टोर खोलने के सम्बन्ध में; भू-सम्पदा बहुत महँगी है परन्तु लोगों को अपने समय के 20 मिनट दाँव पर नहीं लगाने पड़े, उन्हें अपने समय के केवल 20 कदम खर्च करने पड़े।

फॉर्च्यून, 19 मार्च, 2007

विश्वसनीयता

यह बस काम करती है।

एप्पल समारोहों में प्रायः प्रयुक्त होनेवाली पंक्ति।

विफलता का जोखिम उठाना

बॉब डायलन मेरे जीवन के आदर्शों में से एक हैं, जैसे ही मैं बड़ा हुआ मैंने उसके सभी गानों को सीखा और देखा कि वह कभी स्थिर खड़ा नहीं होता। आप यदि कलाकारों पर नज़र दौड़ाएँ, यदि वे कुछ बहुत अच्छा कर लेते हैं तो किसी बिन्दु पर उन्हें सदैव ऐसा लगता है कि वे अपने शेष जीवन में यही एक चीज़ करते रह सकते हैं और बाहरी जगत में वास्तव में सफल हो सकते हैं परन्तु अपने लिए नहीं। वही एक क्षण होता है जब एक कलाकार वास्तव में निर्णय करता है कि वह कौन है। यदि वे विफलता का जोखिम उठाते रहते हैं, तो वे फिर भी कलाकार हैं। डेलन और पिकासो सदा विफलता का जोखिम उठाते रहे।

यह एप्पल मेरे लिए ऐसी ही वस्तु है, स्वभावतः मैं विफल नहीं होना चाहता, परन्तु फिर भी मैं नहीं जानता था कि चीज़ें वास्तव में कितनी खराब थीं। हाँ कहने से पहले मुझे अभी भी बहुत सोचना था। मुझे पिक्सर, मेरे परिवार, मेरी ख्याति पर इसके प्रभावों पर विचार करना था। मैंने निर्णय लिया कि मुझे वास्तव में परवाह नहीं क्योंकि यह वह है, जो मैं करना चाहता हूँ। यदि मैं अपना बेहतरीन प्रयत्न करूँ और विफल हो जाऊँ तो ठीक है, मैंने अपनी ओर से उत्तम प्रयास किया।

फॉर्च्यून, 9 नवम्बर, 1998

सफलता को दोहराना

व्यवसाय में एक बहुत बढ़िया चीज़ है—दूसरे उत्पाद का सिंड्रोम। जिन कम्पनियों का पहला उत्पाद बहुत सफल रहा हो वे समझ ही नहीं पातीं कि वह उत्पाद इतना सफल क्यों था और इसलिए दूसरे उत्पाद के साथ उनकी महत्त्वाकांक्षाएँ बढ़ जाती हैं और वे अत्यधिक आडम्बरपूर्ण हो जाते हैं और उनका दूसरा उत्पाद असफल हो जाता है। वे इसे ला ही नहीं पाते अथवा यह बाज़ार में तहलका मचाने में असफल रहता है क्योंकि वे वास्तव में जानते ही नहीं कि उनका पहला उत्पाद बाज़ार में इतनी धूम कैसे मचा पाया था।

इन्फिनिटी एंड बियॉण्ड को! 2007

साझे स्वप्न

एक वस्तु, जिसने हमें एप्पल में इकट्ठे जोड़े रखा, वह थी–विश्व को बदल देने वाली वस्तुएँ बनाने की योग्यता, वह बहुत महत्त्वपूर्ण थी।

स्मिथसोनियन इन्स्टीट्यूशन ओरल एंड वीडियो हिस्टरीज़, 20 अप्रैल, 1995

सरलता

जैसे-जैसे प्रौद्योगिकी और अधिक जटिल होती जाती है, एप्पल की यह जानने की मुख्य शक्ति कि अत्यधिक परिष्कृत प्रौद्योगिकी को बेचारे इंसानों के लिए बोधगम्य कैसे बनाया जाए, की माँग और भी बढ़ जाती है। डैल जैसी कम्पनियाँ पैसा खर्च नहीं करतीं...वे इन चीजों के विषय में नहीं सोचतीं।

न्यूयॉर्क टाइम्स पत्रिका, 30 नवम्बर, 2003

हम चार महत्त्वपूर्ण उत्पाद अपना स्थान बना सके, हमें बस इतना ही चाहिए, हम अपनी ए टीम को उनमें से प्रत्येक पर लगा सकते हैं, बजाय इसके कि किसी पर भी बी अथवा सी टीम को लगाएँ। हम उन्हें बहुत तेज़ी से बाहर भेज सकते हैं।

मुख्य सम्बोधन, *सेबोल्ड कॉन्फ्रेंस,* 1998

एप्पल में एक बहुत शक्तिशाली डीएनए है और वह है अत्याधुनिक प्रौद्योगिकी को लेना और इसे लोगों के लिए सरल बनाना...उन लोगों के लिए जो मार्गदर्शी पुस्तिकाएँ नहीं पढ़ना चाहते, उन लोगों के लिए जिनका जीवन बहुत व्यस्त है।

गार्जियन, 22 सितम्बर, 2005

आई मैक की सरलता के सम्बन्ध में : यदि आप बाहर जाकर लोगों से पूछें कि आज कम्प्यूटरों के साथ क्या खराबी है, वे आपको बताएँगे कि वे बहुत जटिल हैं, उनके पीछे से लाखों तारें बाहर निकलती हैं। वे बहुत बड़े हैं और शोर भी बहुत करते हैं, वे देखने में भी अच्छे नहीं और इंटरनेट शुरू होने में सदियाँ लग जाती हैं, अतः हमने आई मैक जैसे उत्पादों में इन समस्याओं को समाप्त करने का प्रयास किया। मेरा अभिप्राय यह है कि आई मैक एकमात्र डेस्कटॉप कम्प्यूटर है जो केवल एक डिब्बे में आता है। आप इसे सेट कर सकते हैं और 15 मिनट अथवा इससे भी कम समय में इंटरनेट सर्फिंग प्रारम्भ कर सकते हैं।

मैक्वर्ल्ड एकस्पो, 13 मार्च, 1999

हमने नये उत्पादों की योजना की समीक्षा की है और उनमें से 70 प्रतिशत से अधिक को निकाल दिया है और जो 30 प्रतिशत हीरे थे, उन्हें ही रखा है। एप्पल में उत्पादन टीमें बहुत उत्साहित हैं। कितने ही नीचे लटकते हुए फल हैं, अर्थात् अक्सर उपलब्ध हैं और उन्हें सरलता से प्राप्त किया जा सकता है।

मैक्वर्ल्ड एकस्पो, 6 जनवरी, 1998

मोबाइल लोगों के लिए वास्तव में बहुत महत्त्वपूर्ण है। यह जटिल डिवाइस की श्रेणी जैसा नहीं है जो जनसंख्या के केवल छोटे से भाग को प्रभावित करता है। लोगों ने प्रदर्शनों एवं हमारे विज्ञापनों में देखा है कि यह कुछ ऐसा है जिसे वे तुरन्त जान जाते हैं और समझ जाते हैं कि उसे कैसे प्रयोग करना है। लोग लगातार हम पर प्रौद्योगिकी फेंक रहे हैं और हममें से अधिकतर कहते हैं, "उसे समझने के लिए मेरे पास समय नहीं है।" हममें से अधिकांश को अपने वर्तमान मोबाइल के साथ यह अनुभव हुआ है और हम उन्हें समझ ही नहीं पाते।

यूएसए टुडे, 28 जून, 2007

नारा : पहली पीढ़ी का आई पोड

एक हज़ार गाने आपकी जेब में।
एप्पल विज्ञापन, 2001

कहानी का महत्त्व

हमने कम्प्यूटर ऐनीमेशन के सम्पूर्ण माध्यम का पथ प्रशस्त किया है परन्तु जॉन (लेस्सेटर) ने एक बार कहा था—और यह बात मेरे दिमाग में बैठ गयी—"कितनी भी प्रौद्योगिकी एक बुरी कहानी को अच्छी कहानी में नहीं बदल सकती"...गुणवत्ता के प्रति वह समर्पण इस स्टुडियो की संस्कृति में अन्तर्निहित है।

इन्फिनिटी एण्ड बियॉण्ड को! 2007

सॉफ्टवेयर

बिल गेट्स ने इस इंडस्ट्री में पहली सॉफ्टवेयर कम्पनी बनाई और मेरे विचार में उन्होंने इंडस्ट्री में किसी के यह जानने से भी पहले कि सॉफ्टवेयर कम्पनी क्या होती है—प्रथम सॉफ्टवेयर कम्पनी बनाई...वह विशाल थी...और जिस बिज़नेस मॉडल पर वे कार्य कर रहे थे, अनुसरण कर रहे थे, उससे बहुत अच्छा परिणाम मिला...किसी को भी संकेत मात्र होने से भी पहले बिल ने सॉफ्टवेयर पर अपने प्रयास केन्द्रित किए।

डी-5 कॉन्फ्रेंस : *ऑल थिंग्स डिजिटल*,
30 मई, 2007

आई पोड है, एप्पल बाज़ार में अपना स्थान बनाए हुए है—यदि आप इसके कारणों पर ध्यान दें तो इसका कारण है कि ये वास्तव में महान जापानी उपभोक्ता इलैक्ट्रॉनिक कम्पनियों, जो पोर्टेबिल म्यूज़िक के बाज़ार की एक प्रकार से मालिक हैं, ने इसका आविष्कार किया और मालिक बनीं परन्तु वे उपयुक्त सॉफ्टवेयर नहीं बना पाईं, वे उपयुक्त सॉफ्टवेयर की कल्पना और क्रियान्वयन नहीं कर पाईं। क्योंकि आई पोड केवल एक सॉफ्टवेयर है यह आई पोड में ही सॉफ्टवेयर है, यह पीसी व मैक पर सॉफ्टवेयर है और यह कल्पना जगत में सॉफ्टवेयर है।

डी-5 कॉन्फ्रेंस : *ऑल थिंग्स डिजिटल*,
30 मई, 2007

पुनः : आई मूवी सॉफ्टवेयर—यह आपके कैमकॉर्डर को दस गुणा उपयोगी बना देता है क्योंकि इससे आप अपनी रॉ फुटेज को ट्रांज़िशन्स, क्रॉस डिज़ॉल्वस, क्रेडिट्स और साउण्ड ट्रैक्स के साथ एक अविश्वसनीय फिल्म में बदल सकते हैं। आप रॉ फुटेज, जिसे आप अपने कैम्कॉर्डर पर प्रायः कभी नहीं देखेंगे, को यह सम्प्रेषण की एक अविश्वसनीय भावपूर्ण वस्तु में बदल सकता है। पूर्णतः व्यावसायिक, निजी, यह आश्चर्यजनक है...इसकी आपके लिए दस गुणा अधिक कीमत है।

मैकवर्ल्ड में मुख्य सम्बोधन, जनवरी, 2001

नयी मशीन की आत्मा

आप जानते हैं कि हार्डवेयर यदि हमारे उत्पादों का मस्तिष्क एवं ताकत है तो उनमें सॉफ्टवेयर उनकी आत्मा है।

मुख्य सम्बोधन, *एप्पल वर्ल्डवाइड डिवलपमेंट कॉन्फ्रेंस*, 6 जून, 2011

स्थिरता का खतरा

अपनी एक दशक लम्बी अनुपस्थिति के दौरान एप्पल पर : एप्पल के साथ समस्या यह है कि इसे कल्पनातीत सफलता प्राप्त हुई। हम इतनी अच्छी तरह से सफल हुए कि हमने सबको यह स्वप्न दिखा दिया। शेष दुनिया बस इस जैसे ही हो गयी। कठिनाई यह है कि वह स्वप्न विकसित नहीं हुआ। एप्पल ने सृजन बन्द कर दिया।

रोलिंग स्टोन, 18 अप्रैल, 1996

कठिन परिस्थिति

आपको नोट्स लेने की आवश्यकता नहीं, यदि यह महत्त्वपूर्ण है तो आप इसे याद रखेंगे।

इन्साइड स्टीव्ज़ ब्रेन, 2009

शेयर विकल्प

एप्पल में हमने अपने सभी कर्मचारियों को बहुत प्रारम्भ में ही शेयर विकल्प दे दिए थे, सिलिकॉन वैली में ऐसा करने वालों में हम प्रथम थे। जब मैं लौटा तो मैंने अपने अधिकतर नकद बोनस ले लिए और उनसे शेयर ले लिए; कोई कार नहीं, कोई जहाज़ नहीं, कोई बोनस नहीं। मूलतः सभी को वेतन और शेयर मिलते हैं...यह कम्पनी को चलाने की बहुत समानतावादी पद्धति है जिसे ह्यूलेट-पेकार्ड ने प्रारम्भ किया और एप्पल ने, मैं यह सोचना चाहूँगा, स्थापित करने में सहायता की।

फॉर्च्यून, 9 नवम्बर, 1998

कूटनीति

एप्पल छोड़ने के बाद : तुम्हें मालूम है मेरे पास एक योजना है जो एप्पल को बचा सकती है। मैं अब और यह नहीं कह सकता कि यह श्रेष्ठ उत्पाद है और एप्पल के लिए श्रेष्ठ कूटनीति है, परन्तु वहाँ कोई भी मेरी बात नहीं सुनेगा।

फॉर्च्यून, 18 सितम्बर, 1995

निचुड़ा—मार खाया हुआ

मुझे ऐसा लगता है मानो किसी ने अभी मेरे पेट में घूँसा मारा हो और मेरी सारी हवा बाहर निकाल दी हो। मैं केवल 39 वर्ष का हूँ और चाहता हूँ कि मुझे वस्तुओं के सृजन के अवसर मिलते रहें। मैं जानता हूँ कि मेरे भीतर अभी कम से कम एक महान् कम्प्यूटर और है। एप्पल मुझे वह करने का अवसर नहीं देने वाला है।

प्लेब्वॉय, सितम्बर 1987

टिके रहना

हमारे उद्योग में विजय को 'जीवन' (Survival) के रूप में लिखा जाता है। हम जिस प्रकार से जीवित रहने वाले हैं उसी से हम नया मार्ग खोजेंगे।

टाइम, 14 जनवरी, 2002

विद्वेषपूर्ण अधिकार लेना

ऑरेकल के लैरी एलिसन द्वारा संचालित योजना के अनुसार टेक ओवर, जॉब्स को पुनः एप्पल का प्रमुख बनाए जाने पर : मैंने फैसला किया कि मैं शत्रुतापूर्ण ढंग से अधिकार लेने वालों जैसा व्यक्ति नहीं हूँ, यदि उन्होंने मुझे लौटने के लिए कहा होता तो स्थिति भिन्न हो सकती थी।

न्यूयॉर्क टाइम्स, 12 जनवरी, 1997

एप्पल की समीक्षा

एप्पल स्टॉक के अपने एकमात्र शेयर पर : हाँ, मैंने अपने शेयर बेच दिए थे, मैंने बिल्कुल आशा छोड़ दी थी कि एप्पल बोर्ड कुछ करने वाला है। मुझे नहीं लगता था कि शेयर ऊपर चढ़ेगा (जॉब के छोड़ जाने के बाद एप्पल का शेयर अपने निम्नतम स्तर तक पहुँच गया।)

टाइम, 18 अगस्त, 1997

मिलकर कार्य करना (टीम वर्क)

बिज़नेस के लिए मेरा आदर्श बीटल्स हैं। वे चार अति प्रतिभावान व्यक्ति थे जिन्होंने एक-दूसरे के नकारात्मक पक्षों को नियन्त्रण में रखा। उन्होंने एक-दूसरे को सन्तुलित किया और कुल मिलाकर वे अंशों के जोड़ से महान थे। मैं बिज़नेस को भी ऐसे ही देखता हूँ; व्यवसाय में महान कार्य कभी एक व्यक्ति द्वारा नहीं किए जाते, वे लोगों के समूह द्वारा किए जाते हैं।

60 मिनट्स, 2008

विचार में प्रौद्योगिकी

प्रौद्योगिकी विश्व को नहीं बदलती। यह वास्तव में नहीं बदलती। प्रौद्योगिकियाँ इसे अपेक्षतया आसान बना सकती हैं; हमें उन लोगों को स्पर्श करने दे सकती हैं जिन तक हम अन्यथा नहीं पहुँच सकते। परन्तु वस्तुओं को निरन्तर पूर्णतः नये प्रकाश में देखते रहना कि इससे सब कुछ बदल जाने वाला है, हानिकारक है, वस्तुओं को महत्त्वपूर्ण होने के लिए

विश्व को बदलने की आवश्यकता नहीं।

वायर्ड, फरवरी, 1996

और तुम किस की परवाह करते हो? हम जो सबसे अच्छा उपाय ढूँढ़ सके, आप जानते हैं, वह यह था कि आप किसी के विषय में यह जानकर कि उनके नायक कौन हैं, उनके विषय में बहुत कुछ जान सकते हैं। अतः हमने सोचा कि हम लोगों को बताएँगे कि हमारे नायक (हीरो) कौन हैं। और यही सब 'थिंक डिफ्रेंट' अभियान है, यह लोगों को बताना है कि हम किन की प्रशंसा करते हैं और हम किन्हें इस सदी का नायक मानते हैं। और—कुछ लोग हमें पसन्द करेंगे और

कुछ लोग हमें पसन्द नहीं करेंगे।

चैनल न्यूज़ एशिया, 13 मार्च, 1999

समस्या के आर–पार सोचना

आप जब एक बार समस्या में फँस जाते हैं...तो आप पाते हैं कि यह जटिल है और आप उसके सभी पेचदार समाधान ढूँढ़ते हैं, बस यहीं अधिकतर लोग रुक जाते हैं और समाधान कुछ देर तक काम करते हैं। परन्तु वास्तव में महान व्यक्ति प्रयास जारी रखते हैं, समस्या के मूल तक पहुँचेंगे और ऐसा उत्तम समाधान खोजेंगे जो प्रत्येक स्तर पर कारगर होगा। हम मैक के साथ यही करना चाहते थे।

एप्पल डिज़ाइन, 1997

हमारे अनेक ग्राहक हैं और हम अपने बेस पर व्यापक शोध करते हैं, हम इंडस्ट्री के रुझान को भी बहुत ध्यान से देखते हैं, परन्तु अन्त में इतनी जटिल वस्तु के लिए फोकस ग्रुप्स द्वारा उत्पादों को डिज़ाइन करना वास्तव में बहुत कठिन है। अनेकशः जब तक आप इसे लोगों को दिखाएँ नहीं, वे जानते ही नहीं कि उन्हें क्या चाहिए।

बिज़नेस वीक.कॉम, 25 मई, 1998

हों या न हों

आपका समय सीमित है अतः इसे किसी दूसरे का जीवन जीने में व्यर्थ न गवाएँ रूढ़ियों में न उलझ जाएँ—यही दूसरों के विचारों के परिणामों के साथ जीना है। दूसरों के मतों के शोर में अपने भीतर की आवाज़ को न डूबने दें और सबसे महत्त्वपूर्ण है कि अपने हृदय एवं अन्तरात्मा की आवाज़ को सुनने का हौसला रखें। वे किसी न किसी प्रकार से पहले ही यह जानते हैं कि आप सच में क्या बनना चाहते हैं, शेष सब गौण है।

प्रारम्भिक सम्बोधन, स्टेनफोर्ड

यूनिवर्सिटी, 12 जून, 2005

टॉय स्टोरी–2

टॉय स्टोरी-2 के साथ पिक्सर के वायदे से कम्पनी के कर्मचारियों पर पड़े भारी बोझ के सम्बन्ध में : प्रत्येक व्यक्ति

इसके प्रति इतना समर्पित था और टॉय स्टोरी और उसके पात्रों को कितना चाहता था और नयी फिल्म को कितना पसन्द करता था कि हमने इसे बनाने के लिए स्वयं को मार डाला। कुछ लोगों को इससे उबरने में एक वर्ष लग गया। यह कठिन था—यह बहुत कठिन था, परन्तु हमने इसे किया, अब इतना पर्याप्त समय बीत चुका है कि हम पीछे मुड़कर उसे देख सकते हैं और हम प्रसन्न हैं कि हमने यह किया, परन्तु यह कठिन था।

इन्फिनिटी एण्ड बियॉन्ड को! 2007

बकवाद

एडम ओस्बॉर्न सदा एप्पल पर प्रहार करता रहता है। वह लिज़ा पर लगातार बोले चला जा रहा था और जब हमने लिज़ा को बाज़ार में उतार दिया तो उसने मैक को लेकर

मज़ाक करना शुरू कर दिया, मैं स्वयं को शान्त एवं विनम्र रखने का प्रयास कर रहा था परन्तु उसने पूछना जारी रखा, "यह मैक क्या है जिसके बारे में हम सुन रहे हैं? क्या यह वास्तविक है?" उसने मुझे इतना परेशान करना शुरू कर दिया कि मुझे उससे कहना पड़ा, "एडम यह इतना अच्छा है कि इसने चाहे तुम्हारी कम्पनी के बिजनेस को समाप्त कर दिया है, फिर भी तुम बाज़ार जाकर इसे अपने बच्चों के लिए खरीदना चाहोगे।"

एप्पल कॉन्फिडेंशियल 2.0, 2004

मैक की सर्वव्यापकता

और एप्पल बहुत रोचक स्थिति में है क्योंकि आप जानते होंगे प्रत्येक गाना और सीडी मैक पर बनाई जाती है, यह मैक पर रिकॉर्ड की जाती है, इसे मैक पर मिक्स किया जाता है; आर्टवर्क भी मैक पर किया जाता है। मैं जिस भी आर्टिस्ट से मिला हूँ, लगभग सबके पास आई पोड है और अधिकतर संगीत एक्ज़ीक्यूटिव्स के पास अब आई पोड है।

रोलिंग स्टोन, 25 दिसम्बर, 2003

सफलता

पिक्सर को अनेक लोग रातों–रात प्राप्त हुई सफलता के रूप में देखते हैं, परन्तु यदि आप वास्तव में निकट से देखें तो रातों–रात प्राप्त हुई अनेक सफलताओं को लम्बा समय लगा था।

इन्फिनिटी एण्ड बियॉण्ड को! 2007

प्रयोक्ता अनुभव

एप्पल में हम किसी भी चरण पर पहुँच कर पूछते हैं, "यह प्रयोक्ता के लिए कितना सफल होने वाला है? यह प्रयोक्ता के लिए कितना बढ़िया होगा?" इसके बाद स्थिति पिक्सर के समान होती है। हॉलीवुड में प्रत्येक व्यक्ति कहता है कि एक अच्छी ऐनीमेटिड फिल्म का आधार कहानी, कहानी और कहानी होती है परन्तु वास्तव में जब कहानी पर पहुँचते हैं और जब कहानी प्रभावी नहीं होती तो वे फिल्म प्रोडक्शन रोक नहीं देते। और अधिक धन खर्च करके कहानी को ठीक नहीं करवाते। यही बात मैं सॉफ्टवेयर बिज़नेस में देखता हूँ, प्रत्येक व्यक्ति कहता है "ओह! प्रयोक्ता सब से महत्त्वपूर्ण है" परन्तु और कोई भी वास्तव में ऐसा नहीं करता।

फॉर्च्यून, 21 फरवरी, 2005

मूल्य

ज़ेन बौद्धमत पर : इसमें बौद्धिक समझ की तुलना में अनुभव को महत्त्व दिया गया है। मैंने अनेक लोगों को चीज़ों पर चिन्तन-मनन करते देखा है परन्तु यह उन्हें बहुत अधिक कहीं पहुँचाता प्रतीत नहीं हुआ, मैं उन लोगों में बहुत रुचि लेने लगा जिन्होंने बौद्धिक, अमूर्त समझ की तुलना में कुछ अधिक महत्त्वपूर्ण ढूँढ़ निकाला हो अथवा पता लगाया हो।

रिटर्न टू द लिटल किंगडम, 2009

विज़न

हम अपनी कल्पना (विज़न) पर दाँव लगा रहे हैं, और हम 'मैं भी' उत्पाद अर्थात् भेड़ चाल की तरह दूसरों की देखा-देखी उत्पाद बनाने की बजाय अपनी विज़न को साकार करना चाहेंगे अन्य कम्पनियों को यह करने दो, हमारे लिए तो सदैव यह अगला स्वप्न है।

प्रथम मैकिन्तोष कम्प्यूटर के लिए एप्पल

उत्पाद समारोह, 24 जनवरी, 1984

मैं अगले बड़े अवसर के लिए अपनी आँखें सदा खुली रखता हूँ। परन्तु अब विश्व जैसा है, इसे करने में धन एवं इंजीनियरिंग प्रतिभा—दोनों प्रकार से अथाह संसाधन लगेंगे। मैं नहीं जानता कि वह अगली वही वस्तु क्या हो सकती है, परन्तु मेरे पास कुछ विचार हैं।

फॉर्च्यून, 24 जनवरी, 2000

कठोर परिश्रम करना और बड़े होना

मैंने कुछ पढ़ा है जो बिल गेट्स ने लगभग छह माह पहले कहा था, उन्होंने कहा था, "मैंने अपनी आयु के तीस के दशक में वास्तव में कड़ा परिश्रम किया।" और मैं जानता हूँ कि उनका अभिप्राय क्या है क्योंकि मैंने भी अपनी आयु के उस दौर में वास्तव में कठोर परिश्रम किया था। सही मायने में सप्ताह में सात दिन हर दिन कई-कई घण्टे... परन्तु आप ऐसा सदा नहीं करते रह सकते और आप ऐसा सदा नहीं करते रहना चाहते।

टाइम, 10 अक्टूबर, 1999

ज़ेन

सफल होने के बोझ का स्थान फिर से नौसिखिया होने, हर कार्य के विषय में कम सुनिश्चित होने के हल्केपन ने ले लिया। इसने मुझे मेरे जीवन के सर्वाधिक रचनात्मक दौर में प्रवेश करने की स्वतन्त्रता दे दी (ज़ेन गुरु शर्न्यु सुजुकी के विख्यात कथन के सन्दर्भ में : 'प्रारम्भकर्ता के मस्तिष्क में अनेक सम्भावनाएँ होती हैं, परन्तु विशेषज्ञ के मस्तिष्क में कुछ ही।')

सत्र प्रारम्भ सम्बोधन, स्टेनफोर्ड यूनिवर्सिटी,
12 जून, 2005

विवेक

सुकरात के साथ एक दोपहर बिताने के लिए मैं अपनी सारी टेक्नॉलोजी दे दूँगा।

न्यूज़वीक, 22 अक्टूबर, 2001

मील पत्थर

1955

- एसजे का जन्म सेन फ्रांसिस्को में अब्दुल फताह 'जॉह्न' जांडली और जॉने सिम्प्सन के घर में हुआ, उन्हें पॉल एवं क्लारा जॉब्स को गोद दे दिया गया, उन्होंने एसजे का नाम स्टीव पॉल जॉब्स रखा। (24 फरवरी)

1966

- जॉब परिवार लॉस एल्टॉस, केलिफोर्निया चला गया, जहाँ एसजे ने क्यूर्पिटनो जूनियर हाई स्कूल में दाखिला लिया, यहीं उनमें संगीत (विशेष रूप से बॉब डेलेन एवं बीटल्स) एवं इलेक्ट्रॉनिक्स में रुचि विकसित हुई।

1971

- एसजे एप्पल के भावी सह-संस्थापक 'वोज़' वॉज़्निएक से मिलते हैं।

1972

- एसजे एवं वॉज़्निएक टोन जैनरेटर, जिन्हें 'ब्लू बॉक्सिज़' कहते हैं, बनाते और अवैध रूप से कॉलेज के विद्यार्थियों

को बेचते हैं, वे इनका प्रयोग मुफ्त फोन कॉल करने के लिए करते हैं। (1971 में एस्क्वायर में प्रकाशित लेख, जिसमें उन्हें बनाने का वर्णन किया गया है), वे वैध उद्यमों की ओर बढ़ने से पहले अवैध रूप से 6000 डॉलर कमाते हैं।

....

- एसजे हाई स्कूल पास करते हैं, वे सितम्बर में रीड कॉलेज (पोर्टलैंड, ऑर्गन) में दाखिला लेते हैं, परन्तु एक सेमेस्टर के बाद छोड़ देते हैं। फिर भी खानाबदोशों का-सा जीवन यापन करते हुए ऑडिट की कक्षाएँ जारी रखते हैं।

....

- रीड में एसजे भावी एप्पल के कर्मचारी डान कोट्टके से मिलते हैं जो आगे चलकर प्रथम एप्पल-I कम्प्यूटर एसेम्बल और जाँच करते हैं।

1974

- एसजे नॉलेन बुशनेल की वीडियो गेम कम्पनी, अटारी में नौकरी कर लेते हैं।

(सितम्बर)

....

- एसजे इलैक्ट्रॉनिक्स के शौक़ीनों के होमब्रयू कम्प्यूटर क्लब जाने लगते हैं।

1976

- एप्पल कम्प्यूटर अपने पहले कार्यालय भवन क्यूपर्टिनो, केलिफोर्निया में स्टीवन्स क्रीक बुलवर्ड में पहुँचता है।

(जनवरी)

....

- एसजे (45% हिस्सेदारी), वॉज़्निएक (45% सहभागिता) एवं रोनाल्ड वेन (10% हिस्सेदारी) के साथ एप्पल की सह स्थापना करते हैं; वेन निर्णय लेते हैं कि वे खतरा नहीं उठा सकते और एप्पल की अपनी 10% की हिस्सेदारी एसजे और वॉज को 800 डॉलर में बेच देते हैं।

(1 अप्रैल)

- एसजे को माउण्टेन व्यू, कैलिफोर्निया में बाइट शॉप से 50 कम्प्यूटरों का ऑर्डर मिलता है। मालिक सम्पूर्ण कम्प्यूटर की आशा करता है परन्तु एप्पल केवल कम्प्यूटर के हृदय-सर्किट बोर्ड ही सप्लाई करता है। एसजे यह सोचते हैं कि कम्प्यूटर के शौकीन आवश्यक वस्तुएँ—की-बोर्ड, मॉनिटर (सीआरटीटीवी सेट), पॉवर सप्लाई और केस स्वयं जोड़ लेंगे।

(जुलाई)

- एसजे और कोट्टके एटलांटिक सिटी, न्यू जर्सी में पर्सनल कम्प्यूटर उत्सव में एप्पल I प्रदर्शित करते हैं। इस दौरान वॉज्निएक एप्पल II—भविष्य की ओर एक बड़ा कदम, बड़े बाज़ार के लिए, डिब्बे से निकालते ही प्रयोग के लिए तैयार पर्सनल कम्प्यूटर पर काम करते हैं।

(अगस्त 28-29)

1977

- एक उद्यमी पूँजीपति, माइक मर्क्कुला एप्पल में एक तिहाई अधिकार के बदले 2,50,000 डॉलर की "प्रारम्भिक वित्तीय सहायता प्रदान करते हैं।" (एप्पल कम्प्यूटर इंक, ज्ञापन देते हुए)

(जनवरी)

- एप्पल नेशनल सेमिकंडक्टर के मिशेल स्कॉट को अपने सीईओ के रूप में नियुक्त करता है।

(फरवरी)

- एप्पल सेन फ्रांसिस्को में वेस्ट कोस्ट कम्प्यूटर मेले में एप्पल II को पहली बार प्रदर्शित करता है।

(अप्रैल 16-17)

- एप्पल अपना पहला एप्पल II सिस्टम रवाना करता है। (जून)

1978

- एप्पल लास वेगास में उपभोक्ता इलैक्ट्रॉनिक शो (सीईएस) में एप्पल II के लिए अपनी पहली फ्लॉपी डिस्क ड्राइव उतारता है।

(जनवरी)

- एसजे व्यवसाय बाज़ार के लिए पहला लिज़ा कम्प्यूटर तैयार करने पर ध्यान केन्द्रित करते हैं।

- एसजे की तत्कालीन महिला मित्र क्रिसन्न ब्रेन्नन ने उनकी प्रथम सन्तान लिज़ा ब्रेन्नन जॉब्स को जन्म दिया। वे उसके पालन-पोषण का कोई दायित्व नहीं लेते और उसके पिता होने से भी इंकार करते हैं जब तक अदालत के आदेश से परीक्षण द्वारा डीएनए समान होने की उच्च सम्भावना प्रमाणित नहीं हो जाती।

1979

- एप्पल को 47 मिलियन डॉलर की आय हुई।

- एसजे एवं एप्पल के अन्य प्रमुख स्टाफ सदस्य ज़िरोक्स पार्क (पालो आल्टो रिसर्च सेंटर) का दौरा करते हैं जहाँ उन्हें माउस एवं ग्राफिकल यूज़र इंटरफेस (जीयूआइ) सहित कम्प्यूटर की नयी प्रौद्योगिकियों को देखने-जानने का अवसर मिलता है। एसजे के लिए यह एक दैवी संयोग था जिसने कम्प्यूटर के भविष्य में उनके महत्त्व को तत्काल स्पष्ट कर दिया।

- एप्पल अपने एप्पल II प्लस को पहली बार प्रदर्शित करता है। (जून)

- एप्पल II के लिए इलैक्ट्रॉनिक स्प्रेड शीट प्रोग्राम विज़िकल्क् बाज़ार में उतारा जाता है जिससे कम्प्यूटर की बिक्री में बढ़ोतरी में सहायता मिली।

  (नवम्बर)

1980

- एप्पल द्वारा एप्पल III का प्रथम प्रदर्शन। इसके डिज़ाइन में त्रुटियों के कारण पहले 14 हज़ार यूनिट बाज़ार से वापिस मँगवाने पड़े।

- एप्पल आइपीओ 4.6 मिलियन शेयर बेचता है। प्रारम्भ में प्रत्येक शेयर की 22 डॉलर की कीमत स्टॉक के बन्द होने तक बढ़कर 29 डॉलर हो गई। एप्पल का मूल्यांकन : 1.778 बिलियन डॉलर।

  (दिसम्बर 12)

1981

- एप्पल का प्रोग्रामर एंडी हर्ट्ज़फेल्ड एसजे के महँगे

लिज़ा कम्प्यूटर के किफायती विकल्प मैकिन्तोष के लिए ऑप्रेटिंग सिस्टम पर काम करना शुरू करता है।

(फरवरी)

. . . .

- एप्पल कर्मचारियों द्वारा 'काला बुधवार' कहे जाने वाले दिन को एप्पल के सीईओ माइक स्कॉट बोर्ड ऑफ डायरेक्टर्स से प्रबन्धन की सहमति लिए बिना एप्पल II की आधी टीम को नौकरी से निकाल देते हैं। बदले में बोर्ड स्कॉट को निकाल देता है और मक्कुला को अन्तरिम सीईओ नियुक्त कर नये सीईओ की तलाश शुरू कर दी जाती है।

(फरवरी 25)

. . . .

- एसजे को बोर्ड का चेयरमैन बना दिया जाता है। मक्कुला स्कॉट के स्थान पर अध्यक्ष बनते हैं।

(मार्च)

. . . .

- आईबीएम अपना पर्सनल कम्प्यूटर प्ठड पीसी 5150 बाज़ार में उतारता है। एसजे उसे प्रौद्योगिक दृष्टि से निम्न स्तर का बता कर सार्वजनिक रूप से उसका उपहास उड़ाते हैं, एसजे विशेष रूप से व्यवसाय समुदाय, जो एप्पल उत्पादों पर आईबीएम को वरीयता देता है, में इसके प्रभाव को कम करके आँकते हैं।

(अगस्त)

1982

- माइक्रोसॉफ्ट मैक के लिए तीन अत्यधिक आवश्यक एप्लिकेशंस–स्प्रेडशीट, डैटाबेस एवं बिजनेस ग्राफिक्स

प्रोग्राम—के विकास के लिए एक समझौते पर हस्ताक्षर करता है।

(जनवरी 22)

* एसजे पर टाइम पत्रिका में कवर स्टोरी छपती है, "अमरीका के जोखिम उठाने वाले एप्पल कम्प्यूटर के स्टीव जॉब्स" (अमेरिकाज़ रिस्क टेकर्स : स्टीव जॉब्स ऑफ एप्पल कम्प्यूटर)

(फरवरी 15)

* एसजे न्यूयॉर्क सिटी में रीमो बिल्डिंग में एक अपार्टमेंट खरीदते हैं, वास्तुकार आईएम पें द्वारा व्यापक नवीकरण करवाए जाने के बाद स्टीव इसमें कभी नहीं आते और बाद में इसे बेच देते हैं।

* टाइम पत्रिका 'मैन ऑफ द इयर' खिताब के लिए एसजे को अनदेखा कर उनकी रचना पर्सनल कम्प्यूटर को 'मशीन ऑफ द इयर' घोषित करती है।

(दिसम्बर)

1983

* एसजे अपने शक्तिशाली बिज़नेस कम्प्यूटर लिज़ा को मीडिया को पहली बार दिखाने के लिए न्यूयॉर्क सिटी लाते हैं। वहाँ वे पेप्सी के एक्ज़ीक्यूटिव जॉन स्कल्ले से मिलते हैं और उनसे बहुत प्रभावित होते हैं। अन्ततः एसजे उन्हें अनुनयपूर्वक एप्पल में ले आते हैं।

(जनवरी)

- एप्पल औपचारिक रूप से लिज़ा (लोकल इंटिग्रेटिड सॉफ्टवेयर आर्किटेक्चर) कम्प्यूटर को जारी करता है।

(जनवरी 19)

....

- एप्पल द्वारा एप्पल II C का प्रथम प्रदर्शन किया जाता है।

(जनवरी)

....

- एप्पल स्कल्ले को अपना सीईओ नियुक्त करता है।

(अप्रैल 8)

....

- एप्पल पहला मैकिन्तोष कम्प्यूटर लाता है और इसे सुपर बाउल XVIII के दौरान ज़मीन हिला देने वाले टीवी कमर्शियल के द्वारा बाज़ार में उतारता है। “1984” शीर्षक वाले इस टीवी कमर्शियल को रिडूले स्कॉट ने निर्देशित किया था, इसे बनाने व प्रसारित करने पर 1.2 मिलियन डॉलर की लागत आयी। मैक विश्व का पहला व्यापक स्तर पर बिकने वाला जीयूआई (ग्राफिकल यूज़र इंटरफेस) कम्प्यूटर है।

(जनवरी 22)

....

- लिज़ा 2 का प्रथम प्रदर्शन।

(जनवरी 14)

....

- एसजे वुडहाउस, कैलिफोर्निया में 17,250 वर्ग फुट क्षेत्र वाला विशाल मकान जेकलिन हाउस खरीदते हैं।

....

- एप्पल मैकिन्तोष के प्रचार-प्रसार के लिए न्यूज़वीक के ‘इलैक्शन एक्स्ट्रा’ अंक में विज्ञापनों के लिए उपलब्ध

सभी 39 पृष्ठ खरीद लेता है।

(नवम्बर-दिसम्बर)

1985

- डेस्कटॉप पब्लिशिंग की दुनिया में धमाका करते हुए लेज़र राइटर प्रिंटर की घोषणा की जाती है। लिज़ा को भी मैकिन्तोष एक्स एल के रूप में पुनः उतारा जाता है परन्तु इसकी बिक्री में कोई सुधार नहीं होता।

(जनवरी)

....

- वॉज़्निएक एप्पल में अपनी मुख्यतः प्रतीकात्मक भूमिका से नाखुश होकर त्यागपत्र दे देते हैं एवं अपनी कम्पनी CL 9 की स्थापना करते हैं जहाँ वे अपने प्रथम प्रेम : इलैक्ट्रॉनिक उत्पादों का आविष्कार पर ध्यान केन्द्रित कर सकते हैं।

(फरवरी 6)

....

- स्कल्ले एप्पल के बोर्ड ऑफ डायरेक्टर्स की अनुमति से एसजे को मैक डिविजन के प्रमुख के पद से कार्य मुक्त कर देते हैं (वर्ष 2010 में लिएंडर काह्ने को अपने साक्षात्कार में स्कल्ले जॉब्स को जाने देने की अपनी गलती को शिष्टतापूर्वक स्वीकार करते हैं; अब पीछे मुड़कर देखने पर यह कितना स्वाभाविक लगता है कि जॉब्स को रोक कर रखना सही होता, हमने ऐसा नहीं किया। अतः उसके लिए मैं स्वयं को दोषी ठहराता हूँ, इससे एप्पल अपने मृत्यु के-से अनुभव से बच सकता था।

(मई 31)

....

- इसे अपने साथ विश्वासघात मानकर और एप्पल के भविष्य में विश्वास के अभाव के चलते एसजे एप्पल स्टॉक का एक शेयर अपने पास रखकर शेष बेच देते हैं।

- कम्प्यूटर के विख्यात स्वप्नद्रष्टा ज़ीरोक्स पार्क के एलन के एसजे को बताते हैं कि जॉर्ज ल्यूकास पिक्सर को बेचने की फिराक में हैं, एसजे इसके लिए माँगी जा रही कीमत 30 मिलियन डॉलर के स्थान पर 10 मिलियन डॉलर देना चाहते हैं।

....

- एप्पल 1200 कर्मचारियों की छँटनी कर देता है।

(जून 14)

....

- एसजे एप्पल के बोर्ड के पास जाकर घोषणा करते हैं कि वे एक नयी कम्प्यूटर कम्पनी नेक्स्ट (NeXT) प्रारम्भ करने के लिए छोड़कर जा रहे हैं, एप्पल इसके लिए प्रोत्साहित करता है और यहाँ तक कि निवेश में हिस्सेदार होने का प्रस्ताव भी रखता है।

(सितम्बर 13)

....

- एसजे एवं वॉज़्निएक को राष्ट्रपति रोनाल्ड रीगन द्वारा प्रौद्योगिकी का राष्ट्रीय पदक प्रदान किया जाता है।

1986

- अध्यक्ष एवं प्रमुख एक्ज़ीक्यूटिव स्कल्ले अपने दायित्वों में बोर्ड के अध्यक्ष के कार्य भी जोड़ लेते हैं।

....

- एप्पल मूल मैकिन्तोष को बाज़ार से हटा लेता है एवं

इसके स्थान पर संवर्धित मैकिन्तोष 512K को लाता है।

(अप्रैल 14)

. . . .

- एसजे जॉर्ज ल्यूकास से द ग्राफिक्स ग्रुप (बाद में इसे पिक्सर ऐनीमेशन स्टूडियोज़ नाम दिया गया) खरीद लेते हैं और इसमें 10 मिलियन डॉलर का निवेश करते हैं, एसजे इसके सीईओ और अधिकांश शेयरधारक बन जाते हैं।

- पिक्सर अपने ग्राफिक्स वर्कस्टेशन द पिक्सर इमेज कम्प्यूटर को बाज़ार में उतारता है।

(मई)

. . . .

- मैकिन्तोष XL को बाज़ार से हटा लिया जाता है।

(अगस्त)

1987

- एप्पल मैकिन्तोष एसई एवं अपना पहला रंगीन ग्राफिक्स कम्प्यूटर, मैकिन्तोष II जारी करता है।

(मार्च 2)

. . . .

- पिक्सर इमेज कम्प्यूटर (P–II) को रवाना किया जाता है।

1988

- नेक्स्ट कम्प्यूटर का प्रथम प्रदर्शन।

(अक्टूबर 12)

1989

- पिक्सर की एनिमेटिड फिल्म टिन-टॉय को श्रेष्ठ एनिमेटिड लघु फिल्म का अकादमी पुरस्कार प्राप्त होता है।

  एप्पल 17 पाउंड वज़न के मैकिन्तोष पोर्टेबल को पहली बार बाज़ार में उतारता है।

  (सितम्बर 20)

1990

- एसजे पिक्सर इमेज कम्प्यूटर के विकास एवं बिक्री का कार्य बन्द कर अपने रेंडरमैन (Render Man) नामक सॉफ्टवेयर के विकास पर ध्यान केन्द्रित करते हैं।

1991

- एसजे आह्वान्ही लॉज, योसमाइट नेशनल पार्क में लॉरीन पॉवेल से विवाह बंधन में बँध जाते हैं। विवाह अनुष्ठान एसजे के मित्र एक ज़ेन बौद्ध संन्यासी कोबुन यिनो द्वारा करवाया गया।

  (मार्च 18)

....

- पिक्सर की वेबसाइट के अनुसार "फीचर फिल्मों की लम्बाई की तीन एनिमेटिड फिल्मों के विकास, प्रोडक्शन एवं वितरण के लिए पिक्सर एवं वाल्ट डिज़्नी स्टूडियो मिलकर कार्य करेंगे।"

1992

- *फॉर्च्यून* पत्रिका एसजे का नाम अपने नेशनल बिज़नेस हॉल ऑफ फेम में सम्मिलित कर लेती है।

(अप्रैल 9)

- एसजे की सगी बहन मोना सिम्प्सन *'द लॉस्ट फादर'* शीर्षक से एक उपन्यास प्रकाशित करती है।

स्कल्ले सीईएस शिकागो में एप्पल के पर्सनल डिजिटल सहायक न्यूटन मैसेज पैड का प्रोटोटाइप दिखाते हैं।

(मई)

1993

- बिक्री के अपेक्षित स्तर तक पहुँचने में असफल रहने पर नेक्स्ट केवल सॉफ्टवेयर के विकास पर ध्यान देने के लिए अपनी हार्डवेयर लाइन को छोड़ देता है।

(फरवरी 11)

- मिशेल स्पिन्डलर, स्कल्ले के स्थान पर एप्पल के सीईओ का पदभार सँभालते हैं।

(जून 18)

- एप्पल वर्क्स में बड़ी छँटनी (विश्वभर में 2500 लोग) की घोषणा करता है।

(जुलाई)

- न्यूटन को रवाना कर दिया जाता है।

(अगस्त)

- एप्पल द्वारा एप्पल II कम्प्यूटर एवं अन्य सामान बनाया जाना बन्द कर दिया जाता है।

(अक्टूबर 15)

1994

- एप्पल अपना प्रथम पॉवर पीसी उत्पाद–मेक कम्प्यूटर्स की अपनी सेंट्रिस (Centris) एवं क्वाड्रा (Quadra) लाइनों के लिए लॉजिक बोर्ड–प्रस्तुत करता है।

(जनवरी)

....

- एप्पल घोषणा करता है कि वह अपने OS (सिस्टम 7) के लिए अन्य कम्प्यूटर निर्माताओं को लाइसेंस देगा। इसके पहले ग्राहकों में रेडियस एवं पॉवर कम्प्यूटिंग शामिल हैं।

  एसजे पिक्सर को बेचने का असफल प्रयास करते हैं। खरीदने के इच्छुकों में माइक्रोसॉफ्ट।

1995

- पोकाहण्ट्स (Pocahontas) का न्यूयॉर्क सिटी के सेंट्रल पार्क में प्रीव्यू होता है।

(जून 10)

....

- डिज़्नी द्वारा थैंक्सगिविंग सप्ताहांत पर 'टॉय स्टोरी' रिलीज़ की जाती है। फिल्म हिट होती है और अमेरिका में ही कुल 191.7 मिलियन डॉलर का कारोबार करती है।

(नवम्बर)

....

- पिक्सर के आइपीओ द्वारा 6.9 मिलियन शेयर बेचे जाते हैं।

(नवम्बर 29)

1996

- एप्पल के सीईओ स्पिंडलर के स्थान पर गिल्बर्ट एमीलियो आते हैं। एमीलियो शीघ्र ही अध्यक्ष का पद भी प्राप्त कर लेते हैं।

(फरवरी 2)

- सिलिकॉन वैली एवं कम्प्यूटर्स के सम्बन्ध में पीबीएस डॉक्यूमेंटरी 'ट्राइम्फ ऑफ द नर्ड्स' में एसजे को प्रमुख रूप से दिखाया जाता है।

- एप्पल एक नये ऑप्रेटिंग सिस्टम (ओएस) का वायदा करने के बाद, जिसे वह उपलब्ध नहीं करवा पाया एक नया ओएस लेता है और इसे Be OS तक सीमित कर देता है। (एप्पल के पूर्व एप्पल एक्ज़ीक्यूटिव, जीन-लुईस गास्से से) और यही स्टीव जॉब्स का नेक्स्ट सॉफ्टवेयर है।

- एसजे एप्पल बोर्ड के समक्ष एक प्रेजेंटेशन देते हुए उसे नेक्स्ट एवं मुख्य परिसम्पत्ति के रूप में इसके ओएस सहित इसकी परिसम्पत्तियों को 427 मिलियन डॉलर में खरीदने के लिए तैयार कर लेते हैं, अब एसजे पुनः एप्पल में हैं परन्तु अनधिकृत सलाहकार के रूप में।

(दिसम्बर)

1997

- एक लम्बी अनुपस्थिति के बाद एसजे एवं वॉज़्निएक एप्पल को पुनः बल प्रदान करने में सहायता करने के लिए लौटते हैं।

(जनवरी)

- मीडिया का अनुमान है कि एमीलियो न्यूटन को खत्म कर देंगे परन्तु वह इसे एक सहायक कम्पनी के रूप में ऊपर चढ़ा देते हैं।

- एप्पल द्वारा नेक्स्ट स्टेप के अधिग्रहण से इसके आगामी महत्त्वपूर्ण सॉफ्टवेयर अपग्रेड—मैक ओएस एक्स, यूनिक्स जैसा एक ऑप्रेटिंग सिस्टम—की नींव रखी जाती है।

- नवगठित एक्ज़ीक्यूटिव समिति के सदस्य एसजे और वॉज़्निएक एमीलियो के सलाहकार बन जाते हैं।

(फरवरी)

- एमीलियो त्यागपत्र दे देते हैं एसजे एप्पल के अन्तरिम चीफ एक्ज़ीक्यूटिव बन जाते हैं जिसके लिए वे 'आइसीईओ' शब्द का प्रयोग करते हैं सीईओ के पद का प्रस्ताव दिए जाने पर एसजे पिक्सर में अपनी रुचि का हवाला देकर इससे इंकार कर देते हैं।

(जुलाई 9)

- एसजे एप्पल की उत्पादन लाइन को चार दर्जन कम्प्यूटर मॉडल से कम करके दस तक लाकर सरल बनाने का प्रयास करते हैं।

- मैकवर्ल्ड में एसजे अपने पूर्व व्यावसायिक प्रतिद्वन्द्वी माइक्रोसॉफ्ट के साथ एक नये समझौते की घोषणा करते हैं, जिसके प्रति एप्पल में दिलचस्पी रखने वालों में मिली-जुली प्रतिक्रिया होती है।

(अगस्त)

....

- एसजे को औपचारिक रूप से एप्पल का अन्तरिम सीईओ घोषित कर दिया गया। (जॉन स्कल्ले ने 2010 में लीएंडर काहने के साथ एक इंटरव्यू में कहा, "मैं वास्तव में इस पर सहमत हूँ कि स्टीव यदि उस समय लौट कर न आये होते, जब वे आये—यदि उन्होंने छह माह और प्रतीक्षा की होती—तो एप्पल इतिहास हो गया होता। यह चला गया होता, पूर्णतः समाप्त हो गया होता।")

(सितम्बर)

....

- एप्पल ने अपनी पॉवर बुक, जो पॉवर पीसी जी 3 चिप पर चलती है, को प्रस्तुत किया।

(नवम्बर)

....

- एसजे एप्पल और पिक्सर के सीईओ के दोहरे दायित्वों को सँभालते हैं।

1998

- एसजे, पीवीएस की डॉक्यूमेंटरी नर्ड्स 2.0.1 : इंटरनेट का संक्षिप्त इतिहास में दिखाए जाते हैं। यह डॉक्यूमेंटरी ट्रायम्फ ऑफ द नर्ड्स का आगामी भाग है।

....

- एसजे एप्पल में साफ-सफाई करते हैं, वे प्रतियोगी

कम्प्यूटर लाइन में उत्पादों की संख्या में उल्लेखनीय कटौती करते हैं, अनेक परियोजनाएँ (मुख्यतः न्यूटन) समाप्त कर देते हैं। सॉफ्टवेयर के लाइसेंस का प्रोग्राम समाप्त कर देते हैं और कुछ चुनिंदा कर्मचारियों को निकाल देते हैं।

(मार्च)

....

- पिक्सर द्वारा 'ए बगूस लाइफ' फिल्म रिलीज़ की गयी, जिसने अपने देश में कुल 162 मिलियन डॉलर का कारोबार किया।

(नवम्बर 20)

....

- सान फ्रांसिस्को में मैकवर्ल्ड में एप्पल द्वारा पॉवर मैक 'ब्लू एंड व्हाइट' जी 3 टावर यूनिट की घोषणा की गयी।

....

- एप्पल ने आँखों को चौंधिया देने वाले पाँच रंगों में ट्रे लोडिंग, मीठी गोलियों के रंग के आई मैक जी 3 और नये पॉवर मैक जी 3 टावर यूनिट की घोषणा की।

(जनवरी 5)

....

- एसजे को नोआ वेल द्वारा तैयार किए गये 'पायरेट्स ऑफ सिलिकॉन वैली' नामक टीवी डॉक्यूड्रामा में दर्शाया गया।

(जून 20)

....

- एप्पल सीपी के आकार की पोर्टेबल आईबुक, पावरबुक, जी 3 नामक प्रो लैपटॉप और अपना पहला वायरलेस नेटवर्क डिवाइस–द एयरपोर्ट बेस स्टेशन प्रस्तुत करता है।

(जुलाई 21)

- पिक्सर द्वारा टॉय स्टोरी 2 रिलीज़ की जाती है जो कुल 245.8 मिलियन डॉलर का घरेलू व्यवसाय करती है।

(नवम्बर 13)

2000

- मैकवर्ल्ड में एसजे घोषणा करते हैं कि उन्होंने स्थायी सीईओ बनने के लिए अपना अन्तरिम सीईओ का पद छोड़ दिया है।

(जनवरी 5)

- एसजे नेक्स्ट के वस्तु-उन्मुख सॉफ्टवेयर के अवशेषों पर बने पब्लिक वीटा मैक ओएस एक्स को जारी करते हैं।

- कम्पनी की इस घोषणा के बाद कि चौथी तिमाही की बिक्री में अपेक्षा से बहुत अधिक गिरावट आएगी, एप्पल के शेयर की कीमत 28 डॉलर प्रति शेयर तक कम हो जाती है।

(सितम्बर 8)

2001

- मैकवर्ल्ड में एसजे मैक ओएस एक्स, 'क्विक सिल्वर' जी 4 टॉवर कम्प्यूटर्स और टाइटेनियम पावरबुक जी 4 कम्प्यूटर प्रदर्शित करते हैं।

(जनवरी 9)

- एप्पल के प्रथम स्टोर टायसन कॉर्नर वर्जीनिया और ग्लेंडेल, कैलिफोर्निया में खुलते हैं (एक दशक के भीतर

विश्व भर में 300 से अधिक ऐसे स्टोर खुल जाते हैं।)।

(मई 19)

- पिक्सर 'मॉन्स्टर' रिलीज़ करता है जो 225 मिलियन डॉलर का घरेलू कारोबार करती है।

  (अक्टूबर 28)

- आई पोड को '1000 गाने आपकी जेब में' विज्ञापन पंक्ति के साथ लाया जाता है।

  (नवम्बर 10)

2002

- एप्पल ई मैक (एजुकेशन मैक) लाता है, उभर रही शैक्षिक मार्केट के लिए विशेष रूप से तैयार किया गया उत्पाद।

2003

- मैकवर्ल्ड में एप्पल सफारी वेब ब्राउज़र, आई लाइफ सॉफ्टवेयर और नए पावर बुक मॉडल की घोषणा करता है। इसी माह में बाद में यह नये उच्च श्रेणी के टॉवर यूनिट की भी घोषणा करता है।

  (जनवरी 7)

- पिक्सर 'फाइंडिंग नीमो' रिलीज़ करता है जो 339.7 मिलियन डॉलर का व्यवसाय करती है। इस फिल्म को आगे चलकर श्रेष्ठ एनिमेटिड फीचर के लिए एकेडमी अवार्ड प्राप्त होता है।

  (मई 30)

- एप्पल मेक-ओन्ली कम्प्यूटर्स के लिए पहला आई ट्यून्स म्यूज़िक स्टोर खोलता है।

(अप्रैल 28)

....

- एप्पल पावर मेक जी 5 लेकर आता है।

(जून 24)

....

- आई ट्यून्स स्टोर विंडो कम्प्यूटर प्रयोक्ताओं के लिए खुलता है।

(अक्टूबर 16)

2004

- एसजे अपने कर्मचारियों को बताते हैं कि उन्हें पैन्क्रियाज़ का कैंसर है और उस ट्यूमर को निकालने के लिए उन्हें ऑप्रेशन करवाना पड़ेगा। चिकित्सा अवकाश लेते हुए एसजे एप्पल की कमान एप्पल के विश्व भर के बिक्री एवं ऑपरेशन के प्रमुख टिमोथी डी कुक को सौंप देते हैं।

(अगस्त)

....

- वर्ष के प्रारम्भ से एसजे की डिज़्नी के सीईओ मिशेल आइज़नर के साथ तीखी झड़पों से ऐसी स्थिति उत्पन्न हो गयी थी जो पिक्सर के सम्बन्ध में न भरी जा सकने वाली दरार प्रतीत होती थी। एसजे अन्य स्टूडियो के साथ सम्पर्क करते हैं जो सहभागिता में गहरी रुचि दिखाते हैं।

....

- पिक्सर ने 'द इन्क्रेडिबल्स' रिलीज़ की, जिसने 261 मिलियन डॉलर का घरेलू व्यवसाय किया। इसे बाद में

श्रेष्ठ एनिमेटिड फिल्म के लिए एकेडमी पुरस्कार प्राप्त हुआ।

(नवम्बर 5)

2005

- एप्पल सैन फ्रांसिस्को में मैकवर्ल्ड एक्स्पो में मैक मिनि कम्प्यूटर प्रस्तुत करता है।

....

- एप्पल मैक ओएस एक्स का इंटल संस्करण विकसित करता है चूँकि यह स्थायी रूप से पावर पीसी प्लेटफॉर्म से इंटल प्लेटफॉर्म की तैयारी कर रहा है। एप्पल के नये बूट कैम्प सॉफ्टवेयर का प्रयोग करके विंडोज़ के प्रोग्राम शीघ्र ही मैक पर चलने लगेंगे।

....

डिज़्नी के सीईओ मिशेल आइज़्नर को बोर्ड द्वारा निष्कासित कर दिया जाता है। एक कार्रवाई जिसे बोर्ड के सदस्य टॉय डिज़्नी के 'डिज़्नी बचाओ' अभियान के द्वारा संचालित किया गया था। आइज़्नर का स्थान डिज़्नी के चीफ ऑप्रेटिंग ऑफिसर रोबर्ट इगेर लेते हैं जो पिक्सर को डिज़्नी ऐनीमेशन के भविष्य के रूप में देखते हैं।

(सितम्बर)

2006

- डिज़्नी 7.4 बिलियन डॉलर में पिक्सर को खरीद लेता है; एसजे को डिज़्नी में 7% (3.5 मिलियन डॉलर) भाग मिलता है और इससे वे इसके सबसे बड़े शेयर धारक बन जाते हैं। वे इसके बोर्ड ऑफ डायरेक्टर्स के

भी सदस्य बन जाते हैं।

(जनवरी 24)

- एप्पल मैक बुक (मई 16) और टावर यूनिट-मैक प्रो (अगस्त 7) को लाता है।

  पिक्सर ने 'कार' रिलीज़ की जिसने 244 मिलियन डॉलर का कारोबार किया।

  (जून 9)

- एप्पल के विश्व भर के डिवलपर्स के वार्षिक सम्मेलन (wwc) में एसजे की दुबली-पतली (क्षीण) काया को देखकर उनके स्वास्थ्य एवं एप्पल के उत्तराधिकारी की योजना के सम्बन्ध में अनुमान लगाए जाने लगे। एसजे, ओएसएक्स 10.5 लेपर्ड की घोषणा करते हैं।

2007

- मैकवर्ल्ड एक्स्पो में एसजे घोषणा करते हैं कि वे एप्पल कम्प्यूटर इंक का नाम बदल कर केवल एप्पल इंक कर रहे हैं।

  (जनवरी 9)

- एप्पल मौलिक आई फोन को प्रस्तुत करता है।
- एप्पल मैकवर्ल्ड में अपने एप्पल टीवी को प्रदर्शित करता है।

  (फरवरी)

- पिक्सर द्वारा 'रटैटुइले' फिल्म रिलीज़ की गयी इसने 206 मिलियन का कारोबार किया। इस फिल्म को

श्रेष्ठ एनिमेटिड फीचर फिल्म का एकेडमी अवार्ड प्राप्त हुआ।

(जून 29)

. . . .

- एसजे को गवर्नर एर्नाल्ड श्वार्ज़न्जर द्वारा कैलिफोर्निया संग्रहालय के हाल ऑफ फेम में शामिल किया गया।
(दिसम्बर 5)

2008

- एप्पल मैकवर्ल्ड में मैकबुक एयर, एक हल्का लैपटॉप, की घोषणा करता है।

(जनवरी 15)

- "पिक्सर 'वॉल.ई' रिलीज़ करता है और यह देश में 223 मिलियन डॉलर का व्यवसाय करती है। इसे आगे चलकर श्रेष्ठ एनिमेटिड फिल्म का अकादमी अवार्ड प्राप्त होता है।

(जून 27)

. . . .

- डब्ल्यू डब्ल्यू डी सी में एसजे की उपस्थिति उनके स्वास्थ्य के सम्बन्ध में पुनः चिंताएँ जाग्रत करती है।

. . . .

उस माह में बाद में, ब्लूमबर्ग समय से पूर्व उनकी मृत्यु की सूचना जारी कर देता है। एप्पल के एक समारोह में एसजे मार्क ट्वेन को उद्धृत करते हैं, "मेरी मृत्यु की खबरों को अत्यधिक बढ़ा-चढ़ाकर प्रस्तुत किया जाता है।"

(सितम्बर 9)

2009

- एक अन्तर कार्यालय मीमो में एसजे अपने कर्मचारियों को सूचित करते हैं कि वे स्वास्थ्य कारणों से छह माह का चिकित्सा अवकाश (मेडिकल लीव) ले रहे हैं। उनकी अनुपस्थिति में एक बार पुनः टिमोथी कुक कार्यकारी सीईओ होंगे।

(जनवरी 14)

....

- एसजे का मैम्फिस के मेथोडिस्ट यूनिवर्सिटी हॉस्पिटल ट्रांसप्लांट इन्स्टीट्यूट में सफल लिवर प्रतिरोपण होता है।

....

- पिक्सर ने 'अप' रिलीज़ की जिसने 293 मिलियन डॉलर का व्यवसाय किया। इसे दो अकादमी पुस्कार प्राप्त हुए (मोशन पिक्चर्स के लिए लिखे गये संगीत के लिए बेस्ट एचीवमेंट एवं श्रेष्ठ एनिमेटिड फीचर फिल्म अवार्ड)।

(मई 29)

....

- फार्च्यून पत्रिका एसजे को 'दशक का सीईओ' घोषित करती है।

2010

- पिक्सर ने *टॉय स्टोरी 3* फिल्म रिलीज़ की। इसने 415 मिलियन डॉलर का व्यवसाय किया। इसे दो अकादमी पुरस्कार प्राप्त हुए (मोशन पिक्चर्स के लिए लिखे गये संगीत, मूल गीत के लिए बेस्ट एचीवमेंट एवं श्रेष्ठ एनिमेटिड फीचर फिल्म अवार्ड)

(जून 18)

- एप्पल आई पैड लाकर टेबलेट के युग में प्रवेश करता है।

(अप्रैल 3)

- एसजे अंग दान रजिस्ट्री बनाते हैं।

(अक्टूबर)

. . . .

- फायनेन्शियल टाइम्स एसजे को 'पर्सन ऑफ द इयर' घोषित करता है।

2011

- एप्पल मैक एप्प स्टोर खोलता है।

(जनवरी 6)

. . . .

- एसजे लम्बी एवं अनिश्चितकालीन छुट्टी लेते हैं और फिर से टिमोथी कुक कामकाज देखते हैं। एसजे कूटनीतिक निर्णयों में शामिल रहते हैं।

. . . .

- वुड साइड, कैलिफोर्निया में स्थानीय नगर परिषद् के साथ विवादपूर्ण बातचीत के वर्षों बाद एसजे को अन्ततः अपने महल को गिराने की अनुमति प्राप्त होती है जिससे कि वे 8.45 मिलियन डॉलर से 4,910 वर्ग फुट में अपना मकान बना सकें। इस सम्बन्ध में वास्तुकार (आर्किटेक्ट) क्रिस्टोफर ट्रेविस ने 'वायर्ड पत्रिका' में लिखा है, "प्लॉट का नक्शा निश्चित रूप से एक धनी व्यक्ति के अस्वाभाविक नियन्त्रण एवं संयम को दर्शाता है। इस प्रकार की सम्भावनाएँ तभी होती हैं जब ग्राहक वास्तुकार को नपा-तुला एवं व्यावहारिक होने के विशिष्ट निर्देश देता है।"

(फरवरी)

....

- एप्पल आई पैड 2 बेचता है।

(मार्च 11)

....

- पिक्चर ने 'कार्ज़ 2' फिल्म रिलीज़ की जो 15 सितम्बर, 2011 तक 18 मिलियन डॉलर का घरेलू कारोबार करती है।

(जून 24)

- मैक ओएस 10.7, लॉयन जारी किया जाता है, यह एप्पल की कम्प्यूटर लाइन को आई फोन एवं आई पैड, आईओएस का रूपाकार एवं अहसास देता है। यह 29.99 डॉलर की कीमत पर एप्पल एप्लिकेशन के रूप में केवल डाउनलोड के माध्यम से ही उपलब्ध है।

(जुलाई 20)

....

- एप्पल 343 विलियन डॉलर (371.66 डॉलर प्रति शेयर) के बाज़ार में पूँजी निवेश से अस्थायी रूप से विश्व की सर्वाधिक मूल्यवान कम्पनी एक्सॉन (Exxon) के बाज़ार निवेश से आगे निकल जाता है।

(अगस्त)

....

- एप्पल फोस्टर. पार्टनर्स द्वारा डिज़ाइन किए गये नये परिसर के निर्माण के लिए क्यूपर्टिनो नगर परिषद् के पास एक नया प्रस्ताव प्रस्तुत करता है। इस परिसर को इसके गोलाकार के कारण 'द स्पेसशिप' नाम दिया गया है। यह 2015 में बनकर तैयार हो जाएगा।

....

- वाल्टर इस्साकसन द्वारा लिखिन एकमात्र अधिकृत जीवनी 'स्टीव जॉब्स' के प्रकाशन की तिथि 6 मार्च, 2012 से बदलकर 21 नवम्बर, 2011 कर दी जाती है।

(अगस्त 15)

....

- स्टीव जॉब्स एप्पल के सीईओ पद से त्यागपत्र दे देते हैं : टिमोथी कुक को सीईओ नियुक्त किया जाता है और एसजे अध्यक्ष (चेयरमेन) का पदभार सँभालते हैं।

(अगस्त 24)

- एप्पल के सीईओ आई फोन 4GS की घोषणा करने के लिए अपना प्रथम मीडिया समारोह आयोजित करते हैं।

(अक्टूबर 4)

....

- स्टीव जॉब्स का देहान्त हो गया।

(अक्टूबर 5)

एप्पल के सीईओ के रूप में स्टीव जॉब्स का त्यागपत्र

एक युग का अन्त

एप्पल के बोर्ड ऑफ़ डायरेक्टर्स एवं एप्पल समुदाय को :

मैं सदा यह कहता रहा हूँ कि यदि कभी ऐसा दिन आया जब मैं एप्पल के सीईओ के रूप में अपने कर्त्तव्यों एवं अपेक्षाओं को पूरा करने में समर्थ नहीं रहा तो मैं स्वयं आपको बता दूँगा। दुर्भाग्य से वह दिन आ गया है।

मैं यहाँ एप्पल के सीईओ पद से त्यागपत्र देता हूँ। बोर्ड यदि इसे उपयुक्त समझे तो मैं बोर्ड के अध्यक्ष, निदेशक और एप्पल के कर्मचारी के रूप में सेवाएँ देना पसन्द करूँगा।

जहाँ तक मेरे उत्तराधिकारी का प्रश्न है, मैं दृढ़ता से यह सिफारिश करता हूँ कि हम उत्तराधिकारी सम्बन्धी अपनी योजना को क्रियान्वित करें एवं टिम कुक को एप्पल का सीईओ बनाएँ।

मुझे विश्वास है कि एप्पल के सर्वाधिक उज्ज्वल एवं सर्वाधिक नूतन प्रयत्नों के दिन इसके सामने हैं। और मैं इसकी सफलता को देखने एवं नयी भूमिका में योगदान देने की प्रतीक्षा करूँगा।

मैंने एप्पल में अपने जीवन के बेहतरीन मित्र बनाए हैं और अनेक वर्षों तक आपके साथ काम कर पाने के लिए मैं आपका आभार व्यक्त करता हूँ।

–स्टीव

अगस्त 24, 2011

उद्धरण

आई पैड को बाज़ार में उतारने से पहले की उत्सुकता। आई फोन 4.0 सॉफ्टवेयर के लिए एप्पल का मीडिया समारोह, क्यूपर्टिनो, सीए, अप्रैल 8, 2010

एप्पल की जान : एप्पल के कर्मी

कारा स्विशर एंड वॉल्ट मॉसबर्ग, बिल गेट्स एवं स्टीव जॉब्स के साथ साक्षात्कार, डी-5 कॉन्फ्रेंस, ऑल थिंग्स डिजिटल, कार्लसबैड, सीए, मई 30, 2007

एप्पल का डीएनए

"आवर डीएनए हेज नॉट चेंज्ड" *फॉर्च्यून,* फरवरी 21, 2005, http : // money.cnn.com/magazines/fortune/forture-archive/2005/02/21/8251766/index-htm

ध्यानाकर्षण

एप्पल समारोह के अन्त में विशेष रूप से प्रयुक्त किया जाता है।

सर्वश्रेष्ठ होना

आई फोन 4.0 सॉफ्टवेयर के लिए एप्पल मीडिया समारोह, क्यूपर्टिनो, सी ए, अप्रैल 8, 2010

भर्ती से आगे

रामा दवे जागेर एवं राफेल ऑर्टिज़, इन द कम्पनी ऑफ जाएन्ट्स : केंडिड कन्वर्सेशन्स विद द विज़नरीस ऑफ साम्बरस्पेस (न्यूयॉर्क : मैकग्रा हिल, 1997)

ब्रांडिंग

"वी डोनॉट स्टैंड...", मिशेल मॉरिट्ज़ रिटर्न द लिटल किंगडम (न्यूयॉर्क : ओवरलुक प्रेस, 2009)

"व्हाट आर द ग्रेट..." केथी बूथ, डेविड एस. जैक्सन, एंड वेलेरे मर्चेंट, "स्टीव्ज़ जॉब : रिस्टार्ट एप्पल," *टाइम*, अगस्त, 18, 1997, http: //www.time.com/time/magazine/article/0,9171, 986849-6.00.html

व्यापक आकार वाली शिक्षा

12 जून, 2005 को स्टेनफोर्ड यूनिवर्सिटी सीए में किया गया सत्र प्रारम्भ सम्बोधन जिसे यू ट्यूब पर 4.7 मिलियन बार देखा गया। http: // news.stanford.edu/news/2005/जून 15/जॉब्स-061505.html

जीवन के व्यापक अनुभवों का महत्त्व

गैरी वॉल्फ, "स्टीव जॉब्स : द नेक्स्ट इन्सेनली ग्रेट थिंग; द वायर्ड इन्टरव्यू," *वायर्ड*, फरवरी 1996, http: // www.wired.com/wired/archive/4.02/jobs_pr.html

कम्पनी फोकस

बट्सी मोरिस, "स्टीव जॉब्स स्पीक्स आउट," CNNMoney/*फॉर्च्यून*, फरवरी 2008, http: // money.cnn.com/galleries/2008/fortune/0803/gallery.jobsquna.fortune/3.html

प्रतियोगिता

जेराल्ड सी. ल्यूबेनो एंड मिशेल रोजर्स, "ए व्हिज़ किड्स फाल : हाउ एप्पल कम्प्यूटर डम्प्ड इट्स चेयरमैन," *न्यूज़वीक*, सितम्बर 30, 1985. http: // www.thedailybeast.com/newsweek/1985/09/30/जॉब्स-टॉक्स-अबाउट दिस—राइज़ एण्ड फॉल.html

कम्प्यूटर्स

जेक गुडेल, "स्टीव जॉब्स : द रोलिंग स्टोन इंटरव्यू," रोलिंग स्टोन, नं. 684, जून 16, 1994. http: // www.rollingstone.com/culture/news/steve_jobs-in-1994-the rollingstone-interview-20110117

प्रत्येक के लिए कम्प्यूटर्स

मिशेल क्रांट्ज, डेविड एस जेक्सन, जेनिस मेलोनी एंड केथी बूथ, "एप्पल एंड पिक्सर : स्टीव्ज़ टू जॉब्स," *टाइम*, अक्टूबर 18, 1999. http: // www.time.com/time/magzine/article/0,9171,992258-2,00. html

औज़ार के रूप में कम्प्यूटर्स

मेमरी एंड इमेजिनेशन : न्यू पाथवेज़ टू द लिबर्टी ऑफ कांग्रेस, मिशेल आर. लॉरेन्स द्वारा निदेशित (बाल्टिमोर, एम डी : मिशेल लॉरेंस फिल्म्स, 1990), वीडियो कैसेट्स

भ्रामक उत्पादन

एप्पल वर्ल्डवाइड डिवलपर्स कॉन्फ्रेंस, 1998

उपभोक्तावाद

"आय एंड अप..." "स्टीव जॉब्स : द गुरु बिहाइंड एप्पल," *इंडिपेंडेंट*, अक्तूबर 29, 2005
"वी स्पेन्ट सम टाइम..." गेरी वोल्फ, "स्टीव जॉब्स : द नेक्स्ट इन्सेनली ग्रेट थिंग; द वायर्ड इंटरव्यू" *वायर्ड*, फरवरी 1996 http;// www.wired.com/wired/archive/4.02/jobs-pr.html

उपभोक्ता उत्पाद डिज़ाइन

स्टीवन लेबी, "गुड फॉर द सोल," *न्यूज़वीक*, अक्टूबर 16, 2006

योगदान

एंथनी इम्बिम्बो, स्टीव जॉब्स : द ब्रिलिएंट माइण्ड बिहाइन्ड एप्पल (प्लेसेंटविले, एन वाय; जेरेथ स्टीवन्स पब्लिशिंग, 2009)

समरूपता

ब्रेंट श्लेन्डर, "हाड बिग केन एप्पल गेट?" *फॉर्च्यून*, फरवरी 21, 2005. http: // money.cnn./com/magazines/fortune/fortune_ archive/2005/02/21 /8251769/index.html

नये टूल्ज़ (उपकरण) बनाना

पीटर कोहेन एंड जेसन स्नेल, "स्टीव जॉब्स एट डी : ऑल थिंग्स डिजिटल लाइव कवरेज," *मैकवर्ल्ड*, मई, 30, 2007. http: // www.macworld.com/article/58128/2007/05/steveated.html

रचनात्मकता एवं प्रौद्योगिकी

मार्क मिलान, "हाउ स्टीव जॉब्स पिक्सर एक्सपीरियन्स हेल्प्ड लीड टू एप्पल्ज़ आइक्लाउड," *सीएनएन टेक*, जून 10, 2011. http: // www.cnn.com/2011 /TECH/web/06/10/jobs.i clowd/

आस्था

"इटिज़ नॉट डन..." एण्डी हर्टज़फेल्ड, "क्रेडिट व्हेयर ड्यू," folklore.org जनवरी, 1983. http: // www.folkore.org storyview.py? project= macintosh +story=credit_where_ due.text+topic=Retreats+ sortorder+sort% 20by%20ate= detail+high+ showccom ments=1

"द जर्नी इज़..." एण्डी हर्टज़फेल्ड, "क्रेडिट व्हेयर ड्यू." folklore.org, जनवरी 1983. http: // www.folklore.org/storyview.py?project=macintosh

+stroy=credit_where_due.text+topic=Retreats+sortorder=sort%
20by%20Datedetail=high_showcomments=1
"द ऑर्गेनाइज़ेशन इज़ क्लीन..." एण्डी रेनहार्ट, "स्टीव जॉब्स ऑन एप्पल्स रीसर्जेंस : नॉट ए वन-मैन-शो." Businessweek.com, मई 25, 1998. http: // www.businessweak.com/bwdaily/dnflash/ may1998/nf80512d.

उपभोक्ता शिकायतें

एप्पल वेबसाइट पर "टू ऑल आई फोन कस्टमर्स" को खुला पत्र, सितम्बर 2007 http: // www.apple.com/ hotnews/openiphoneletter/

उपभोक्ता निष्ठा

"वॉयसिस ऑफ द इनोवेटर्स : द सीड ऑफ एप्पल्ज़ इनोवेशन," *ब्लूमबर्ग बिज़नेस वीक,* अक्टूबर 12, 2004. http: // www.businessweek.com/bwdaily/dnflash/ oct2004/nf20041012_4018_db083.htm

डेविड बनाम गोलिएथ

"नो वे...," एण्डी हर्टज़फेल्ड, "रीयल आर्टिस्ट्स शिप," folklore.org, जनवरी 1984. http: // www.folklore.org/storgview.py? story= real_artists _ship.txt
"रीयल आर्टिस्ट्स..." एण्डी हर्टज़फेल्ड, "रीयल आर्टिस्ट्स शिप," folklore.org, january 1984. http: // www.folklore.org/storyview.py? story=real _Artist-ship.txt

मृत्यु

"दैट इज़ वाय आइ थिंक..." डेविड शेक, प्लेब्वॉय इंटरव्यू : स्टीव जॉब्स, *प्लेब्वॉय,* फरवरी 1985
"द रिपोर्ट्स ऑफ माइ डेथ..." आई पोड के लिए एप्पल का मीडिया समारोह, चर्बा बुइना सेंटर फॉर द पर्फोर्मिंग आर्ट्स,

सैन फ्रांसिस्को, सितम्बर 9, 2008

निर्णय लेना

करेन पाइक, टू इन्फिनिटी एंड बियॉण्ड। द स्टोरी ऑफ पिक्सर ऐनीमेशन स्टूडियोज़ (सेन फ्रांसिस्को : क्रॉनिकल बुक्स, 2007)

मृत्यु

कैथी बूथ, डेविड एस. जेक्सन एंड वेलेरे मर्चेंट, "स्टीव जॉब्स : रिस्टार्ट एप्पल," *टाइम,* अगस्त 18, 1997. http: // www.time.com/time/magazine/article/0.9171, 986849-2, 00.html

सृष्टि पर छाप छोड़ना

"जॉब्स वर्सिस गेट्स : ए थर्टी ईअर वार," CNNMoney/ fortune, मूल रूप से वॉल स्ट्रीट जर्नल में एक इंटरव्यू से, मई 25, 1993. http: // money.cnn.com/galleries/ 2008/fortune/0806/gallery.gates_v_jobs.fortune/2.

डिज़ाइन

"इन मोस्ट पीपुल्स वोकेयूलेरीज..." "एप्पल्ज वन_डॉलर_ए_मैक," *फॉर्च्यून,* जनवरी 24, 2000. http: / / money.cnn.com/magazines/fortune/fortune_ archive/2000/01/24/272277/

"डिज़ाइन इज़ ए फनी वर्ड..." गेरी वोल्फ, "स्टीव जॉब्स : द नेक्स्ट इन्सेनली ग्रेट थिंग; द वायर्ड इन्टरव्यू," *वायर्ड,* फरवरी 1996. http: // www.wire.com/wired/archive/4.02/ jobs.html.

"लुक एट द मर्सीडीज़..." जॉन स्कल्ले विद जॉन ए बिर्ने, ओडिसी : पेप्सी टू एप्पल : ए जर्नी ऑफ एड्वेंचर, आइडियाज़, एंड द फ्यूचर (न्यूयॉर्क : हार्पर कॉलिन्स, 1987)

अनिवार्य अन्तर

स्टीवन लेवी, इन्सेनली ग्रेट : द लाइफ एंड टाइम्स ऑफ

मैकिन्तोष, द कम्प्यूटर दैट चेंज्ड एवरीथिंग (न्यूयॉर्क : पेंगुइन बुक्स, 2000). डिज़्नी का एनिमेटिड मूवी सीक्वल्स एसोशिएटिड प्रेस, "एस पिक्सर पोस्ट्स अर्निंग्स एक्स पार्टनर स्लैम्ड," msnbc.com, फ्रॉम एन एप्पल कॉन्फ्रेंस कॉल इन 2004, http:/ www.msnbc. msn.com/id/4176887/ns/business_ personal_finance/t/jobs_blasts_disney_faileb-movie_deae/#.Tkqt_HMsphs

ई-बुक पाठक

डेविड पोग, "स्टीव जॉब्स ऑन एमेज़न एंड आइसक्रीम," *न्यूयॉर्क टाइम्स* : बिट्स, सितम्बर 9, 2009. http: // pits.blogs.nytime s.com/2009/09/09/in_qu_steve_jobssnipesat_ amazon_and_ preises_ice_cream/

कर्मियों को प्रेरणा

बेट्सी मॉरिस, "स्टीव जॉब्स स्पीक्स आउट," CNNMoney/fortune, फरवरी 2008. http: // money.cnn.com/galleries/2008/फॉर्च्यून/0803/gallery.jobsqua.fortune/5.html

श्रेष्ठता

जेफरी एस. यंग, स्टीव जॉब्स : द जर्नी इज़ द रिवार्ड (न्यूयॉर्क : स्कॉट फोरेसमेन ट्रेड, 1987)

उत्तेजना

"एप्पल अनवेल्स आइमैक् : द इंटरनेट एज कम्प्यूटर फॉर द टेस्ट ऑफ यू एस," एप्पल प्रेस रिलीज़, मई 6, 1998. http: // www.apple.com/ca/press/1998/05/imac.html

कर्मचारियों को निकालना

डेनियल मॉरो, स्मिथसोनियन इन्स्टीट्यूशन ओरल एंड वीडियो हिस्टरीज़, "इंटरव्यू विद स्टीव जॉब्स," नेक्स्ट कम्प्यूटर कार्पोरेट हेडक्वार्टर पर लिया गया, अप्रैल 20, 1995. http: // americanhistory.si.edu/collections/comphist/sil.html

फ्लैश क्रैश

"थाट्स ऑफ फ्लैश," एप्पल वेबसाइट पर वक्तव्य, अप्रैल 2010

फोकस

बेट्सी मोरिस, "स्टीव जॉब्स स्पीक्स आउट," *फॉर्च्यून.कॉम,* मार्च 7, 2008. http: // money.cnn.com/galleries/2008/fortune/0803/gallery. jobsqna.fortune/6.html

उत्पादों पर ध्यान केन्द्रिन करना

"यू नीड ए वेरी प्रोडक्ट-ओरिएंटिड...," वॉयस ऑफ द इनोवेटर्स : द सीड ऑफ द एप्पल इनोवेशन, *ब्लूमबर्ग बिज़नेस वीक,* अक्टूबर 12, 2004. http: // www.businessweek.com/bwdaily/dnflash/oct 2004/nt 2004 1012_4018_ db083.htm

"श्योर व्हाट वी डू...," स्टीफन फ्राइ, "द आई पैड लॉन्च; कैन स्टीव जॉब्स टू इट अगेन?" *टाइम,* अप्रैल 1, 2010. http: // www.time.com/time/magazine/article/09171, 1977113_4, 00.html

मुद्दे पर बल देना

लेव ग्रॉसेमैन, "हाउ एप्पल डज़ इट," *टाइम,* अक्टूबर, 16, 2005. http: // www.time.com/time/magazine/article/0,9171, 1118384-1,00.html

प्रगतिशील सोच

"इफ यू वोन्ट...," डेविड शेफ, "प्लेब्वॉय इंटरव्यू : स्टीवन जॉब्स," *प्लेब्वॉय,* फरवरी 1985

"लेट्स गो इन्वेंट...," कारा स्विशर एंड वॉल मॉसबर्ग, एन इंटरव्यू विद बिल गेट्स एंड स्टीव जॉब्स, डी-5 कॉन्फ्रेंस; ऑल थिंग्स डिजिटल, कार्लस्वेड, सी.ए., मई 30, 2007. http: / / all thingsd.com/20070530/d5-gates-jobsinterview/

ठीक करना

जेरी उसीम, "एप्पल : एमेरिकास बेस्ट रिटेलर," *फॉर्च्यून,* मार्च 19, 2007. http: // money.cnn.com/magazines/fortune/fortune_archive/2007/03/19/8402321

लक्ष्य

मिशेल मॉरिट्ज़, रिटर्न टू द लिटल किंगडम (न्यूयॉर्क : ओवर लुक प्रेस, 2009)

विवशतापूर्ण भद्रता

रामादेव जोगर एंड रफेल ऑर्टिज़ इन द कम्पनी ऑफ जाएंट्स : केंडिड कन्वर्सेशन्स विद द विज़नरीस ऑफ साइबर स्पेस (न्यूयॉर्क : मेक-ग्रॉ हिल, 1997)

महान विचार

ट्रांसक्रिप्ट फ्रॉम द टेलीविज़न प्रोग्राम ट्राइम्फ ऑफ द नर्ड्ज़, पी बी एस, एयरडेट जून 1996. http: // www.pbs.orgnerds/parts3.html

महान उत्पाद डिज़ाइन

गे वॉल्फ, "स्टीव जॉब्स : द नेक्स्ट इन्सेनली ग्रेट थिंग; द वायर्ड इंटरव्यू", फरवरी 1996. http: // www.wired.wm/

wired/archive/4.02/jobs_pr.html

महान उत्पाद

"एक्चुअली, मेकिंग एन इन्सेनली...," डेविड शेफ, "प्लेब्वॉय इंटरव्यू : स्टीवन जॉब्स," *प्लेब्वॉय*, फरवरी 1985
"यू नो माप फिलोस्फी इज़...," जेराल्ड सी. ल्यूबनो एंड मिशेल रोजर्स, "जॉब्स टॉक्स अबाउट हिज़ राइज़ एंड फॉल," *न्यूज़वीक*, सितम्बर 29, 1985. http: // www.thedailybeast.com/newsweek/1985/09/30/jobs-talks-abouthis-riseand.fall.html

कठोर परिश्रम

ब्रेंट श्लेंडर, "द थ्री फेसिज़ ऑफ स्टीव...," *फॉर्च्यून*, नवम्बर 9, 1998, http: // money.cnn.com/magazines/fortune/torture-archive/1998/11/09/250880/

स्वास्थ्य पर अटकलें

एप्पल वेबसाइट पर एप्पल समुदाय को खुला पत्र "लेटर फ्रॉम एप्पल सीईओ स्टीव जॉब्स," जनवरी 5, 2009, http: // www.apple.com/pr/library/2009/01/05/letterfrom-Apple-CEO-steve-jobs.html

स्वास्थ्य के लिए अवकाश

एप्पल के सभी कर्मचारियों को ई-मेल, 14 जनवरी, 2009

आईबीएम

"वेलकम आईबीएम," *वॉल स्ट्रीट* जर्नल में एप्पल का प्रकाशित विज्ञापन, अगस्त 1981
"आईबीएम वॉन्ट्स...," *फॉर्च्यून*, फरवरी 20, 1984

आईसीईओ

डॉन कावामोटो, "जॉब्स फेसिस शेयर होल्डर्स," *सीएनईटी न्यूज़*, अप्रैल 22, 1998. http: // news.cnet.com/

jobs-facesshareholders/2100-1001_3_210453.html

प्रभाव, एप्पल के कर्मियों को एक सम्बोधन में

मिशेल मॉरिट्ज़, रिटर्न टू द लिटल किंगडम (न्यूयॉर्क : ओवरलुक प्रेस, 2009)

नवाचार

"ए लॉट ऑफ कम्पनीज़...", "स्टीव जॉब्स : आय एम एन ऑप्टिमिस्ट," *ब्लूमबर्ग बिज़नेस वीक*, अगस्त 18, 2003. http: // www.businessweek.com/technology/content/aug 2003/tc20030813_7682_tc121.htm

"इनोवेशन डिस्टिंग्यूशिस...," कार्माइन गैलो, द इनोवेशन सीक्रेट्स ऑफ स्टीव जॉब्स : इन्सेनली डिफ्रेंट प्रिंसिपल्स फॉर ब्रेकिंग सक्सेस (न्यूयॉर्क : मैक्ग्रॉ-हिल, 2011)

"दे वर एबल टू...," जेफ गुडेल, "स्टीव जॉब्स : द रोलिंग स्टोन इंटरव्यू," रोलिंग स्टोन, जून 16, 1994

"द पीपल हू गो..." करेन पाइक, टू इन्फिनिटी एंड बियॉण्ड द स्टोरी ऑफ पिक्सर ऐनीमेशन स्टूडियोज़ (सेन फ्रांसिस्को : क्रॉनिकल बुक्स, 2007)

अन्तर्दृष्टि

"आय थिंक द आर्टिस्ट्री...," डेनियल मॉरो, स्मिथसोनियन इन्स्टीट्यूशन ओरल एंड वीडियो हिस्ट्रीज़, "इंटरव्यू विद स्टीव जॉब्स," नेक्स्ट कम्प्यूटर कॉर्पोरेट हेडक्वार्टर में संचालित, अप्रैल 20, 1995, http: // amaricanhistory.si.edu/collections/comphist/sj1.html

"वी हैड दा हार्डवेयर...," स्टीवन लेवी, "गुड फॉर द सोल," *न्यूज़वीक*, अक्टूबर 14, 2006

प्रेरणा

डेनियल मॉरो, स्मिथसोनियन इन्स्टीट्यूशन ओरल एंड वीडियो हिस्ट्रीज़, "इंटरव्यू विद स्टीव जॉब्स," नेक्स्ट कम्प्यूटर कार्पोरेट

मुख्यालय पर संचालित, अप्रैल 20, 1995, http: // americonhistroy.si.edu/collections/comphist/sj1.html

संघटन

मिशेल क्रांट्ज़, "स्टीव जॉब्स एट 44," *टाइम*, अक्तूबर 10, 1999. http: // www. time.com/time/magazine/article/0, 9171, 32207, 00.html

विविध प्रतिभाएँ

मिशेल क्रांट्ज़, "स्टीव जॉब्स एट 44," *टाइम*, अक्तूबर 10, 1999, http: // www. time/magazine/articls/0, 9171, 32207-3, 00.html

इंटरनेट चोरी एवं प्रेरणा

"वी सेड : वी डूनॉट...," जेफ गुडेल, "स्टीव जॉब्स : द रोलिंग स्टोन इंटरव्यू," *रोलिंग स्टोन*, दिसम्बर 25, 2003

आई पैड एवं अपरिहार्य परिवर्तन

कारा स्विशर एंड वॉल मॉसबर्ग, "एप्पल सीईओ स्टीव जॉब्स एट डी 8; द फुल अनकट इंटरव्यू," डी 8 कॉन्फ्रेंस, ऑल थिंग्स डिजिटल, रेंचो पालोस वर्डिस, सी ए, जून 1-3, 2010. http: // allthingsd.com/20100607/stevejobs-at D8-the-full_uncut-interview/?refcat=d8

आई पैड आई फोन को प्रोत्साहित करता है

कारा स्विशर एंड वॉल मासबर्ग, "एप्पल सीईओ स्टीव जॉब्स एट डी 8 : द फुल अनकट इंटरव्यू," डी 8 कॉन्फ्रेंस, ऑल थिंग्स डिजिटल, रेंचो पालोस वर्डिस, सी ए, जून 1-3, 2010 http: // allthings.com/20100607/stevejobs-at-D8-the-full-uncutinter/viewqrefcat=d8

आई फोन

स्टीवन लेवी, "एप्पल कम्प्यूटर इज़ डेड; लॉन्ग लिव एप्पल," *न्यूज़वीक*, जनवरी 9, 2007, http: // www.thedailybeast.com/newsweek/2007/01/09/steven-levy-apple-computer-is-dead-tlong-live-apple.html

आई पोड नैनो

"सी एन बी सी स्टीव जॉब्स सितम्बर 2006," यू ट्यूब वीडियो, 3:40. यर्बा बुएना सेंटर फॉर द आर्ट्स थियेटर, सेन फ्रांसिस्को, सी ए में CNBC इंटरव्यू, सितम्बर 12, 2006. जिम गोल्डमेन, CNBC बिज़नेस न्यूज़ द्वारा रिपोर्ट किया गया. http: // www.youtbube.com/watch?v=17

आई पोड टच

डेविड पोग, "स्टीव जॉब्स ऑन एमेज़ॉन एंड आइसक्रीम," *न्यूयॉर्क टाइम्स* : बिट्स, सितम्बर 9, 2009. http: // bitz.blogs. nytimes.com/2009/09/09/in-qa-steve-jobs-snipes-at-amazon-and-praises-ice-cream/

आई ट्यून्ज़

माइल्स ओं ब्रायन, "इंटरव्यू विद स्टीव जॉब्स," सी एन एन ट्रान्सक्रिप्ट, अप्रैल 28, 2003

जॉब्स का जीवन वृत्त

स्टीव का बायोडेटा मूल रूप से www.me.com पर डाला गया। यद्यपि यह वहाँ से हटा लिया गया है इसे अभी भी अनेक वेब साइट्स पर देखा जा सकता है। http: // 100legeneds.blogspot.wm/2011/01/steve-jobs-resume.html

एप्पल में जॉब्स की विरासत

जेराल्ड सी ल्यूबनो एंड मिशेल रोजर्स, "जॉब्स टॉक्स अबाउट हिज़ राइज़ एंड फॉल," *न्यूज़वीक*, सितम्बर 29, 1985 : http: // www.thedalybeast.com/news-week/1985/09/30/jobs_talks_about-his-rise-and-fall.html

जॉब्स का वार्षिक वेतन

केटी मार्सल, "जॉब्स, "आय मेक फिफ्टी सेंट्स जस्ट फॉर शोइंग अप," एप्पल इन्साइडर, मई 10, 2007. http: // www.applleinsider.com/articles/07/05/10/jobs_i_make_fifty_cents-just_for_showing-up.html

अतीत को छोड़ देना

स्टीवन लेवी, "25 यीअर्स ऑफ मैक् : फ्रॉम बॉक्सी बेज टू सिल्वर स्लीक," वायर्ड, नं. 17.01, दिसम्बर 22, 2008. http: // www.wired.com/teceboiz/it/magazine/17-01/it-mac

जीवन की जटिलताएँ

"स्टीव जॉब्स : द गुरु बिहाइंड एप्पल," द इंडिपेंडेंट, अक्टूबर 29, 2005

बाज़ार में अपना हिस्सा जो देना

"वॉयस ऑफ द इनोवेटर्स : द सीड ऑफ एप्पल्ज़ इनोवेशन," *ब्लूमबर्ग बिज़नेस वीक*
अक्टूबर 12, 2004. http: // www. business week.com/bwdaily/dnflash/oct-2004/nf 20041012-4018-db083.html

धन गँवाना

ओवेन डब्ल्यू. लिंज़मेयर, एप्पल कॉन्फिडेंशियल 2.0 : द

डेफिनेटिव हिस्ट्री ऑफ द वर्ल्ड्स मोस्ट कलरफुल कम्पनी (सेन फ्रांसिस्को : नो स्टार्च प्रेस, 2004)

खोए हुए अवसर

गाए काबासाकी, रीयलिटी चेक; द इर्रेवरेंट गाइड टू आउटस्मार्टिंग, आउटमैनेजिंग एंड आउटमार्किटिंग योर कॉम्पीटिशन (न्यूयॉर्क : पेंगुइन ग्रुप, 2008)

मैक क्यूब

मैकवर्ल्ड एक्स्पो, न्यूयॉर्क सिटी, 2000

मैक का परिचय

"1984" मैकिन्तोष विज्ञापन के लिए एप्पल का मुख्य सम्बोधन, 1983

मैक की विरासत

डेनियल मॉरो, स्मिथसोनियन इन्स्टीट्यूशन ओरल एंड वीडियो हिस्ट्रीज़, "इंटरव्यू विद स्टीव जॉब्स," नेक्स्ट कम्प्यूटर कार्पोरेट मुख्यालय पर लिया गया, अप्रैल 20, 1995. http: //www.amaricanhistory.si.edu/collections/comphist/si1.html

साहसिक घोषणाएँ करना

स्टीव केम्पर, स्टीव जॉब्स एंड जेफ बीज़ोस मीट 'जिंजर,' कोड नेम जिंजर से लिए गये अंश हार्वर्ड बिज़नेस स्कूल वर्किंग कॉलेज फॉर बिज़नेस लीडर्स, जून 16, 2003. http: //hbswk.hbs.edu/archive/3533.html

मार्केटिंग

जॉन स्कल्ले विद जॉन ए बायरन, ओडिसी : पेप्सी टू एप्पल : ए जर्नी ऑफ एडवेंचर, आइडियाज़ एंड द फ्यूचर (न्यूयॉर्क : हार्पर कॉलिन्स, 1987)

माइक्रोसॉफ्ट में नवाचार का अभाव

"द ओनली प्रॉब्लम...," टेलीविज़न कार्यक्रम 'ट्राइम्फ ऑफ द नर्ड्स' से प्रतिलेखन, पी बी एस, प्रसारण तिथि जून 1996. http: // www.pbs.org/nerds/part3.html

"द थिंग आय डू नॉट थिंक...," जेफ गुडेल, "स्टीव जॉब्स : द रोलिंग स्टोन इंटरव्यू," रोलिंग स्टोन नं. 684, जून 16, 1994. http: // www.rollingstone.com/culture/news/steve-jobs-in-1994-therolling-stone-interview. 20110117

माइक्रोसॉफ्ट की सूक्ष्म दृष्टि

स्टीव लोहर, "क्रिएटिंग जॉब्स : एप्पल्स फाउण्डर गोज़ होम अगेन," *न्यूयॉर्क टाइम्स मैगज़ीन,* जनवरी 12, 1997. hppt: // partnersanytime.com/library/ceyber/week/011897jobs.html?scp=1+sq=steve%20jobs %20apples %20forwards%20goes%20home%20again+st=cse

गलत समझे गये मूल्य

डेविड शेफ, "प्लेब्वॉय इंटरव्यू : स्टीवन जॉब्स," *प्लेब्वॉय,* फरवरी 1985

गलतियाँ

डी-8 कॉन्फ्रेंस, ऑल थिंग्स डिजिटल, रेंचो, पालोस वर्डिस, सी ए, जून 1-3, 2010

धन

"इनोवेशन हेज़ नथिंग टू डू...," डेविड किर्कपैट्रिक एंड टेलर मारोनी, "द सेकिंड कमिंग ऑफ एप्पल थ्रू ए मेजिकल फ्यूज़न ऑफ मैन-स्टीव जॉब्स-एंड कम्पनी, एप्पल इज़ बीकमिंग इटसेल्फ अगेन : द लिटल एंटीकम्पनी दैट कुड," *फॉर्च्यून,* नवम्बर 9, 1998. http: // money.cnn.com/magazines/fortune/fortune-archive/1998/11/09/

250834/index.htm
"आय वाज़ वर्द...," टेलीविज़न कार्यक्रम ट्राइम्फ ऑफ द नर्ड्स, पीबीएस, प्रसारण तिथि जून 1996. http: // www.pbs.org/nerds/part1.html

कर्मचारियों को प्रोत्साहित करना

"व्हाट हैप्पन्स इन मोस्ट कम्पनीज़...," डेविड शेफ, "प्लेब्वॉय इंटरव्यू : स्टीवन जॉब्स," *प्लेब्वॉय,* फरवरी 1985
"द पीपल हू आर डूइंग...," मैकवर्ल्ड नं.1, फरवरी 1984. http: // www. macworld. com/article/29181/2004/ 02/themacturns20jobs.html

प्रेरणा

"डू यू वॉन्ट टू स्पेंड...," जॉन स्कल्ले विद जॉन ए बायरन, ओडिसी; पेप्सी टू एप्पल : ए जर्नी ऑफ एडवेंचर, आइडियाज़ एंड द फ्यूचर (न्यूयॉर्क : हार्परकॉलिन्स, 1987)
"इट्ज़ मोर फन टू बी ए पायरेट...," जाने स्कल्ले विद जॉन ए बायरन, ओडिसी : पेप्सी टू एप्पल; ए जर्नी ऑफ एडवेंचर, आइडियाज़ एंड द फ्यूचर (न्यूयॉर्क : हार्परकॉलिन्स, 1987)

मिलकर काम करना

डेनियल मॉरो : स्मिथसोनियन इंस्टीट्यूशन ओरल एंड वीडियो हिस्ट्रीज़, "इंटरव्यू विद स्टीव जॉब्स," नेक्स्ट कम्प्यूटर कार्पोरेट मुख्यालय पर लिया गया, अप्रैल 20, 1995. http: // americanhistory.si.edu/collections/comphist/ si1.html

नेट बुक्स

आई पैड 1 के लिए एप्पल का लॉन्च समारोह, चर्बा बुएना सेंटर फॉर द आर्ट्स, सेन फ्रांसिस्को, सीए, जनवरी 27, 2010

नये उत्पाद

आई पैड 2 के लिए एप्पल का लॉन्च समारोह, चर्बा बुएना

सेंटर फॉर द आर्ट्स, सेन फ्रांसिस्को, सी ए, मार्च 2, 2011

सफलताओं पर रुक न जाना

ब्रियन विलियम्स, "स्टीव जॉब्स आइकोनोक्लास्ट एंड सेल्समैन; एप्पल फाउण्डर्ज़ न्यूएस्ट स्टोर वाओस फैन्स इन मैन्हट्टन," *एनबीसी न्यूज़* इंटरव्यू, मई 25, 2006. http: / www.msnbc.msn.com/id/12974884/ns/nightly-news/t/steve-jobs-iconoclast/salesman/#. tkwtlxmsphs.

प्रयोक्ता के अनुभव को स्वीकारना

जोश क्विटनर एंड रबेका विंटर्स, "एप्पल्ज़ न्यू कोर" *टाइम*, जनवरी 14, 2002. http: // www. time.com/time/magazine/article/0, 9171, 1001600-6.00.html

पैकेजिंग

टेलीविज़न कार्यक्रम 'ट्राइम्फ ऑफ द नर्ड्स' की प्रतिलिपि, पीबीएस, प्रसारण तिथि जून, 1996. http: // www. pbs.org/nerds/part 1.html.

पार्क का ग्राफिकल इंटरफेस

डेनियल मॉरो, स्मिथसोनियन इन्स्टीट्यूशन ओरल एण्ड वीडियो हिस्ट्रीज़, "इंटरव्यू विद स्टीव जॉब्स," नेक्स्ट कम्प्यूटर कार्पोरेट मुख्यालय पर लिया गया, अप्रैल 20, 1995. http: // americanhistory.si.edu/collections/comphist/si1.html

पार्क का नूतन प्रयास

डेनियल मॉरो, स्मिथसोनियन इन्स्टीट्यूशन ओरल एंड वीडियो हिस्ट्रीज़, "इंटरव्यू विद स्टीव जॉब्स," नेक्स्ट कम्प्यूटर कार्पोरेट मुख्यालय पर लिया गया, अप्रैल 20, 1995.
http: / americanhistory.si.edu/collections/comphist/si1.html